# LIBÉREZ VOTRE SENSUALITÉ INTÉRIEURE

ISBN : 2-258-04627-0
N° d'éditeur : 225

OLIVIA ST. CLAIRE

# LIBÉREZ VOTRE SENSUALITÉ INTÉRIEURE

183 façons d'atteindre
la plénitude sexuelle
pour vous et votre partenaire

ÉDITIONS
HORS
COLLECTION

Je dédie ce livre à toutes les déesses de l'amour et de la sensualité de l'Histoire ou des contrées célestes et légendaires – et tout particulièrement à la divine Aphrodite, à la magnifique Cléopâtre, aux Demoiselles des Nuages, au Yoni cosmique, aux sœurs Djanggawo, à la déesse Hathor, à Inanna, à la mythique Lilith des origines, à notre mère la Terre, à la belle Nefertiti, à Oshun, à Pele, à Sekhmet, à Shakti, à la prêtresse du Serpent, à la femme Bison blanc, à la Femme sauvage, à Xochiquetzal, aux yoginis – ainsi qu'à la déesse du sexe qui, en toute femme, attend son heure.

## REMERCIEMENTS

Je voudrais exprimer ici toute ma gratitude aux femmes et aux hommes qui ont accepté de si bonne grâce de me livrer leurs pensées et leurs sentiments les plus intimes – et qui nous auront ainsi appris tant de choses ! Mes remerciements les plus chaleureux vont également à ces femmes extraordinaires qui m'ont apporté leur soutien inconditionnel, leurs conseils, leur efficacité et leur amitié durant toute la rédaction de cet ouvrage – Christine, Claudia, Deborah, Jane, Karen Marie, Marianne, Pamela, Paula, Sandy et Tovi ; à celles qui, avec tout leur talent, m'ont guidée vers l'aboutissement de ce travail – Shaye, Paula, Shima et Miko ; et enfin un immense merci à Henri, mon sujet d'inspiration le plus débridé, et qui connaît tous les tours de magie pour réveiller la déesse, autant dire la bombe sexuelle, qui gisait au plus profond de moi-même.

# SOMMAIRE

# 1

# LIBÉREZ LA SÉDUCTRICE QUI SOMMEILLE EN VOUS

*C'est du fond de son cœur et de son être le plus intime*
*qu'une femme apprend à devenir une véritable amante.*
*Elle n'a pas besoin pour cela des leçons d'un homme.*
*C'est la déesse qui parle en elle et qui la guide.*

Elaine Kittredge, *Masterpiece Sex.*

Chaque femme est une séductrice en puissance, dans son cœur, son corps et ses sens. C'est elle qui se manifeste lorsque vous vous sentez émue par les passages érotiques d'un livre ou les scènes d'amour d'un film. C'est elle qui soudain ouvre l'œil (c'est-à-dire le vôtre) lorsque vous croisez un superbe garçon moulé dans ses jeans. C'est encore elle qui vous rend « toute chose » et encline au flirt lorsque vous passez une robe qui épouse vos formes ; après tout, c'était *son* idée à « elle » de vous habiller de cette manière... Cette fille torride vous a fait acheter cet ouvrage et frémir d'impatience à la seule pensée de ce qu'il peut contenir : le moyen infaillible de devenir absolument irrésistible.

Si vous percevez ce besoin de séduire comme une expérience sensitive (une sorte de douce chaleur interne), ou comme un des multiples rôles que vous devez assumer dans la vie (au même titre que celui de la mère, de l'amie, de l'épouse, de la femme de carrière ou de l'organisatrice de ceci ou de cela), ou bien encore comme la manifestation d'une personnalité quasi distincte, c'est qu'il s'agit de l'expression naturelle de ce que vous êtes réellement. C'est pourquoi approcher et mieux connaître cette incroyable séductrice revient à explorer votre psyché la plus secrète – vos croyances et vos valeurs personnelles, vos peurs et vos rêves les plus enfouis, ainsi que la poésie sans égale qui colle à votre corps.

Ce qui est extraordinaire avec « elle », c'est que, sans instructions de qui que ce soit, sans l'aide de livres, de stages ou d'amants, « elle » sait déjà comment être fabuleusement sexy et attirante. Au plus profond d'elle-même, « elle » se *sent* sexy, et ce, même lorsque vous êtes fatiguée, énervée, ennuyée ou simplement à cours d'inspiration. « Elle » sait exactement quoi faire de ses mains lorsque vous faites l'amour ; « elle » ne se pose jamais la question de savoir s'il est préférable de donner à monsieur des coups de bâton ou de lui chatouiller l'oreille, car son instinct infaillible lui donne automatiquement les bons réflexes.

En fait, cette séductrice intérieure est une source intarissable d'énergie sexuelle, de savoir-faire et de séduction. L'envie d'être sexy est une façon naturelle et magnifique pour la femme de nourrir son esprit et d'apprendre à aimer les extases de son corps. En se révélant à vous à travers le moindre balancement de votre chevelure ou de vos hanches, la séductrice qui vous habite vous initie aux arcanes mystérieux de la vie et du monde des sens – et plus vous plongerez dans ce monde fantastique de la sensualité, plus vous découvrirez cette précieuse alliée ; et plus elle se sentira libre de jouir pleinement d'elle-même et de son amant, plus elle deviendra belle, audacieuse et excitante. Avec vous et à travers vous.

C'est elle qui vibre au sein des vives sensations qu'éprouve votre corps. Elle y est présente chaque fois que vous appréciez le galbe de vos propres formes à la lueur d'un chandelier, que vous vous enivrez du parfum d'une fleur dans vos cheveux, que vous savourez un vin fin, que vous ressentez la chaleur du soleil ou la douceur de la soie sur votre peau, que vous vous étourdissez de jazz ou de samba, que vous vous laissez couler dans un bain chaud, que vous confiez votre corps aux mains expertes d'un masseur, ou enfin que vous vous adonnez aux délicieuses fulgurances du plaisir solitaire. Toutes ces sensations physiques ouvrent à un univers encore plus riche, au romantisme exacerbé, où la libido atteint les sommets les plus fous.

Nous autres femmes avons été dotées naturellement d'un pouvoir remarquable qui nous permet de combiner à la fois le romantisme, l'amour passion et le sexe pour en faire un art magique. Nos corps aux formes douces et tentantes semblent être faits pour les plaisirs les plus exquis. Saviez-vous, par exemple, que seules les femmes possèdent un organe hautement sensitif exclusivement dédié au plaisir sexuel ?

Pourtant, malgré toutes ces possibilités et ces dons érotiques innés, personne ne nous apprend jamais à être en harmonie avec cette sexualité intrinsèque ni à l'exprimer. C'est la raison pour laquelle nous nous sentons gênées, confuses, ignorantes, pour ne pas dire coupées de cette partie de nous-mêmes pourtant tellement précieuse et vitale. Le cas est souvent différent dans les cultures indigènes – par exemple les Indiens d'Amérique, les tribus africaines, l'Inde tantrique et quelques autres sociétés extrême-orientales, pour ne citer que celles-là. Elles donnent la priorité au développement de la satisfaction sexuelle et de l'art amoureux dans une perspective généreuse et sacrée. Ces traditions font souvent appel à des maîtres en la matière afin d'enseigner aux jeunes gens à apprécier la beauté et la majesté du corps, et à susciter chez le partenaire et soi-même le plaisir le plus vif. En contact avec leurs divinités, ces peuples estiment que la sexualité est un don sacré ; ils apprennent donc à traiter leur corps avec tout le respect et toute la déférence qu'il mérite.

Nous pourrions aisément prendre des leçons de sagesse auprès d'eux !

## Énergies vitales

Certaines cultures anciennes qui vivaient plus près de la nature et pratiquaient des rites liés aux cycles concrètement observables se trouvaient de fait en harmonie avec les structures de base de la vie, bien plus que ne le sont nos sociétés dites civilisées. Leur mode d'existence et leurs croyances dans la nature divine des plantes, des animaux, des éléments et de la vie elle-même leur permettaient d'être plus intimement à l'écoute de leur propre sensualité – leur ôtant du même coup presque toutes les inhibitions que nous connaissons actuellement. Pour ces peuples, la sexualité était un phénomène naturel de la création et leurs organes génitaux, les calices renfermant l'énergie sacrée de la vie. On a par exemple, retrouvé dans une grotte datant de l'âge de pierre une peinture montrant un homme tenant un arc ; son pénis est relié par une « ligne d'énergie » au sexe d'une figure féminine, suggérant par là que la femme transmettait rituellement à l'homme le pouvoir d'aller à la chasse – ces rôles archétypaux ayant été très tôt adoptés par nos lointains ancêtres.

Dans l'Inde ancienne, hommes et femmes se transformaient eux-mêmes en dieux et déesses – par la méditation, les onguents, les breuvages sacrés, la répétition de mantras et les rites sexuels – dans le but de connaître l'illumination. Certaines religions prépatriarcales rendaient un culte à la fertilité, la création et la sexualité comme autant d'aspects différents d'une même force divine. Les rites païens de Beltane, par exemple, comprenaient des rites sexuels parfois extrêmement débridés pour exprimer symboliquement l'avènement du printemps et de la fertilité de la terre, ainsi que des fêtes au moment du solstice. Les semailles comme les récoltes étaient considérées comme des dons de la déesse Terre, de sa sensualité et de son abondance.

Les femmes appartenant à ces cultures comprenaient instinctivement que la puissance sexuelle et sacrée du principe féminin était présente non seulement dans la terre, les éléments, le règne animal ou les déesses tutélaires d'alors, mais aussi dans leurs propres organes génitaux, leurs instincts profonds, dans leurs odeurs et le goût qu'avait leur propre corps, dans les structures mêmes de leur vie. Ces femmes assumaient de multiples rôles au quotidien, passant de la couche conjugale au foyer et à la cuisine, des rites sexuels de fertilité aux conseils de tribu, des moissons aux accouchements... Les siècles ont passé et notre culture s'est développée tout en nous enfermant dans des carcans moraux de plus en plus étouffants. Mais il ne tient qu'à nous de redevenir aussi douées que nos aïeux ! Lorsque nous aurons accédé à la connaissance, la considération et l'amour de notre corps et de ses plaisirs, nous ne percevrons plus notre sexualité comme distincte du reste de notre personnalité. Car la connaissance, la considération et l'amour engendrent la puissance, le respect, la responsabilité, le contrôle – et la manifestation naturelle de la puissante et gracieuse sexualité qui réside en chacune de nous.

Découvrir la façon particulière dont vous pouvez être une femme fatale signifie explorer les territoires encore inconnus de votre propre corps, de vos sens et de votre imagination, par définition sans limites. Votre intime séductrice vous attend et, pour la rejoindre et la libérer, nous allons suivre différents chemins vers le plaisir, en apprenant :

– comment transformer la lecture, l'écriture, la respiration, le trajet vers votre lieu de travail et vos tenues vestimentaires en aphrodisiaques qui mettront en émoi tous vos sens ;
– comment accéder à l'auto-érotisme créatif et au plaisir individuel ;
– comment explorer et érotiser chaque centimètre carré de peau de votre corps ;
– comment inventer et jouir des fantasmes et des rêves ;
– comment découvrir de nouveaux points G et de nouvelles techniques amoureuses ;
– comment connaître des orgasmes fabuleux ;
– comment utiliser des jouets, des vêtements ou des accessoires érotiques ;
– comment faire l'amour à votre partenaire avec passion.

Mais avant de nous livrer aux plus pures sensations physiques, commençons par explorer quelques aspects *mentaux*, simples mais fertiles, du monde sensuel qui est le nôtre. Votre sexualité n'est pas seulement contenue dans vos cinq sens, mais également dans votre esprit et votre cœur, et passe aussi par les fantasmes, les désirs, les rêveries. Soyez attentive aux suggestions qui vont suivre et retenez celles qui résonnent particulièrement en vous.

## Un dialogue intérieur

À longueur de journée, prenez l'habitude de vous demander ce que ferait une véritable séductrice. Imaginez qu'elle habite en vous et sait parfaitement comment vous rendre sexy. Conversez avec elle. Demandez-lui : « Comment t'habillerais-tu aujourd'hui ? Irais-tu à pied ? Parlerais-tu à cet homme ? Roulerais-tu des hanches ? Irais-tu danser ? Quel maquillage ? Quelle coiffure ? Comment ferais-tu pour te *sentir* sexy ? Que ferais-tu pour te donner du plaisir ? Avec quoi jouerais-tu ? Que répondrais-tu en pareille circonstance ? Quel homme préférerais-tu ? Comment lui ferais-tu des avances ? Où poserais-tu ta main ?... » Il est probable qu'elle adoptera une écharpe de soie légère pour « casser » le style trop sérieux de votre tailleur classique ; ou qu'elle préférera traverser allègrement à pied le jardin public plutôt que d'attendre sempiternellement le même autobus. Il n'est pas exclu qu'elle préfère danser le tango dans la cuisine plutôt que d'aller au cours de gym ce soir-là ! Bref, suivez ses avis et ses envies, et observez vers quoi ils vous mènent.

## Tenir un journal

Commencez à tenir régulièrement un journal pour noter vos progrès en matière de séduction. Glissez-vous dans le cerveau et le cœur d'une femme fatale et écrivez ce que vous voyez par ses yeux, entendez par ses oreilles, éprouvez par ses émotions, pensez par ses réflexions, et faites par son corps. Laissez-la aussi écrire ce qu'elle aimerait faire, ce qu'elle souhaiterait raconter, ce qu'elle ressent et ce qu'elle aimerait exprimer de ses sentiments. Posez-lui des questions sur votre sexualité et laissez-la formuler ses réponses.

Un jour que je me livrais moi-même à cet exercice quotidien, je compris que si j'envisageais tout acte sensuel comme un don et un échange, les choses évolueraient radicalement. Par exemple, lorsque vous embrassez votre partenaire, ne pensez plus à ce que vous lui faites avec vos lèvres, mais concentrez-vous plutôt sur le fait que vous recevez le doux contact de ses lèvres à lui ; en caressant son cou, vous recevez le choc électrique du grain de sa peau ; en mordillant ses doigts vous recevez l'énergie qui y réside et sait si bien vous envelopper. Fermez les yeux et enivrez-vous de l'essence même de votre partenaire.

Avant de progresser moi-même dans cette approche de plus en plus subtile et nuancée du vécu sensuel, jamais je n'aurais pensé qu'il était possible d'embrasser de cette manière ! Mais la tenue d'un journal m'a permis de m'ouvrir à de nouvelles perspectives que, depuis, j'ai totalement intégrées à ma vie amoureuse. À vous à présent de découvrir les désirs et les goûts originaux qui sont les vôtres.

## Connaître son corps

Une femme extrêmement sensuelle me disait un jour : « Rester en contact avec ma sexualité signifie cultiver délibérément une espèce de sentiment à la fois terrien et magnétique. Je m'attache à être pleinement consciente de mon corps et j'utilise tous ses instincts et ses sensations en ressentant profondément l'énergie électromagnétique qui "pulse" autour de moi. J'imagine que je suis une créature sauvage, telle une louve, qui connaît les mystères de la lune. Je m'imagine dans ces temps anciens et je me vois comme un animal exotique et indompté qui utilise tous ses sens pour parcourir sensuellement le monde et ses dangers. Je me sens alors en éveil. »

Clarissa Pinkola Estés est l'auteur d'un livre superbe, *Women Who Run with the Wolves* (« Les femmes qui couraient avec les loups »), qui invite la lectrice à réveiller en soi la femme primitive. Tous ces archétypes – sensuels, électromagnétiques et instinctuels – se caractérisent par leur confiance dans le corps comme source et moyen de connaissance.

## Un cinéma intérieur

Servez-vous de l'écran de votre imagination. Vous serez surprise de ce que vous verrez. Adoptez une position confortable et détendez-vous. Fermez les yeux et respirez lentement, profondément. Relaxez-vous bien et entrez en vous-même. Imaginez un écran de cinéma derrière la barrière de vos yeux et demandez à votre double sensuel de se montrer. « Elle » apparaîtra tout d'un coup ou bien progressivement, révélant d'abord un doigt de pied, puis une cheville, une jambe, etc. À quoi ressemble-t-elle ? Comment est-elle vêtue et comment bouge-t-elle ? A-t-elle l'allure d'une reine antique ou d'une femme d'aujourd'hui en bas et tailleur ? Observez ce qu'elle fait. Se livre-t-elle à des activités différentes des vôtres ? Quel type de parfum porte-t-elle ? Comment communique-t-elle avec les hommes ? Que fait-elle lorsqu'elle se trouve à votre place sur votre lieu de travail ? À la maison ? À l'école ? Dans la maison voisine ? Quel nom dit-elle porter – préfère-t-elle Angélique à votre nom, Anne ? Demandez-lui comment faire pour être davantage en contact avec elle d'une manière qui soit à la fois discrète, élégante et adéquate – et comment vous devez procéder en cas d'urgence. Priez-la de venir vous visiter en rêve afin de vous prodiguer ses enseignements. Demandez-lui aussi d'être près de vous lorsque vous faites l'amour avec votre partenaire ou lorsque vous vous donnez vous-même du plaisir. Remerciez-la d'avoir bien voulu se révéler à vous.

Votre double sensuel peut aussi changer d'aspect d'un jour à l'autre. Le mien m'apparaît parfois sous la forme d'une sublime déesse grecque dans le plus simple appareil, et d'autres fois comme le Grand Yoni cosmique (dans la tradition tantrique, *yoni* signifie « vulve »), principe de la féminité, de la sensualité et de l'extase. Elle m'a fait cadeau de toutes sortes de présents symboliques parmi lesquels une clef d'or (la clef ouvrant sur toute expérience ou sens que je souhaite connaître), un buste en marbre (représentant les qualités féminines de l'allaitement et de la beauté sensuelle)... et un mini-slip en peau de léopard pour me souvenir qu'il ne dépend que de moi de séduire et de me donner du bon temps ! Pat, une amie femme d'affaires, me confia que sa déesse intérieure ressemblait à Catwoman (personnage de *Batman*) la tarabustant en permanence pour qu'elle ne cesse de « chasser » et de profiter de tous les plaisirs de l'existence. Une autre amie me révéla que la sienne avait l'apparence de Marilyn Monroe, qu'elle disait se nommer Lolita et qu'elle apparaissait souvent alors que mon amie se livrait à des ébats afin de lui signaler, en les embrassant goulûment de ses lèvres carminées, les points érogènes qu'elle aurait négligés ! Mon amie Georgia me signale que son double sensuel lui apparaît sous l'aspect d'une boule d'énergie colorée – parfois rose, parfois turquoise – qui flotte autour de son corps en la chatouillant et en lui murmurant des recettes sexuelles au milieu de ses rêves...

## Les itinéraires mythologiques

Le brillant philosophe contemporain Joseph Campbell l'affirme, les mythes sont souvent les clefs qui ouvrent notre psyché, et les personnages mythologiques les archétypes de nos personnalités intérieures. Analyser l'histoire de quelques déesses mythologiques de la sensualité peut permettre de faire des découvertes sur sa propre personnalité sexuelle. Mais des exploits de ces magnifiques déités érotiques, ne retenons que quelques aspects. En lisant leur histoire, admirez leurs qualités, repaissez-vous de leur image, copiez leurs poses, enroulez-vous dans les mêmes drapés (si, si, osez !), ou bien entrez en contact avec elles. Invoquez-les juste avant de faire l'amour ; permettez-leur de se glisser dans votre conscience et connectez-vous avec votre moi sexuel le plus profond.

Dans la Grèce antique, Aphrodite était la déesse de l'amour, de la sensualité et des passions. Seule déesse représentée sans artifice dans les œuvres d'art de cette époque, Aphrodite arbore une nudité fière et une sexualité puissante. Une seule fois elle sera figurée « callipyge » (de dos) : on voit alors la déesse relever ses vêtements pour admirer son charmant fessier. La rose et le lilas, symboles du vagin, sont ses fleurs préférées. Essayez une fois de vous draper dans une toge à l'antique, ne serait-ce que mentalement, et, comme la déesse, regardez votre adorable postérieur dans un miroir. Méditez sur le pouvoir que cette partie charnue du corps féminin peut exercer sur l'humanité mâle tout entière, au point d'en obséder quelques-uns ! Suivez les leçons d'Aphrodite, devenez une beauté altière qui possède le pouvoir magique de transformer chaque angle creux ou courbe de son corps en objet de désir érotique.

Dans la tradition sémitique, Lilith était la toute première femme, créée en même temps qu'Adam. Mais lorsque celui-ci lui fit des avances, des ailes poussèrent à Lilith qui quitta le paradis pour aller vivre dans le désert. Plus tard, Lilith apporta à l'humanité l'agriculture et devint la protectrice des enfants. Voyant cela, Dieu créa une compagne plus complaisante pour Adam : Ève. Lilith demeure donc pour nous le premier exemple de l'égalité, de l'indépendance et de la fierté sexuelles. Imaginez-vous en train de développer vos ailes pour en finir avec la sexualité insatisfaisante et vous en créer une autre en accord avec vos goûts et vos talents.

Oshun est la déesse africaine yoruba du fleuve, de la sensualité et de la créativité. Tandis que ses eaux traversent en courbes sinueuses tout le pays, les pierres deviennent ses bracelets, les paysages ses beaux atours et les fleurs sauvages ses parfums. Protectrice des arts, de l'or et de l'amour, elle offre son corps liquide tel un baume réparateur à tous ceux qui viendront s'y baigner. Elle est secrète et mystérieuse ; elle a la conscience parfaite de sa beauté érotique naturelle car elle aime admirer son reflet à la lueur romantique de la clarté lunaire. Essayez de vous immerger mentalement dans cet élément fluide et sensuel ; amusez-vous à faire des vagues comme le fait ce fleuve bienfaisant. Parez-vous de fleurs, de voiles aériens et de bracelets d'or fin qui tintent à vos bras. Laissez-vous aller, comme le fait cette déesse, au pur plaisir de cet érotisme liquide si subtil.

Dans la tradition maya, Xochiquetzal (textuellement « fleur précieuse ») est la déité féminine des fleurs, de la beauté, du plaisir et de la sexualité. Toujours libre et joyeuse dans ses effusions sensuelles, elle est parfois représentée sous la forme d'un papillon. Ses anciens adorateurs se costumaient souvent en oiseaux-mouches et en papillons pour effectuer des danses rituelles autour de son effigie couverte de roses. Merlin Stone, auteur de *When God Was a Woman* (« Quand Dieu était une femme »), affirme que « lorsqu'une femme éprouvait du plaisir dans son corps, Xochiquetzal en tirait une grande joie ». Imaginez-vous en train de danser au milieu des pétales de rose, des plumes d'oiseaux-mouches et des ailes de papillons au cours d'une cérémonie dédiée à cette déesse. Adorez votre divine féminité en donnant du plaisir à vos propres « boutons de rose ».

Shakti fait partie du panthéon très riche de la tradition hindoue. Cette grande déesse symbolise l'énergie vitale de l'univers. On la représente souvent sous l'aspect d'un serpent qui remonte le long de la colonne vertébrale, réveillant au passage les centres énergétiques et sensuels qui entretiennent la vie. Adorer cette déesse revient à adorer le corps féminin comme avatar (forme) humain de la déesse et connaître avec elle une sexualité sacralisée : les pratiques tantriques mâles s'effectuent dans l'espoir d'atteindre l'illumination. Faites-vous serpentine et ressentez combien les ondulations de votre corps sollicitent vos instincts sexuels. Sentez la puissance créatrice de l'univers brûler au fond de vos reins, prête à faire jaillir une nouvelle vie, de nouvelles idées et de nouveaux ravissements intérieurs. Considérez et adorez votre corps comme la manifestation physique de tout principe divin féminin – la beauté, la puissance, l'illumination intérieure, la vibration vitale et la sensualité. Vous incarnez cette union sacrée, source de toute existence.

## L'initiatrice

Une autre de mes amies entretient volontiers le fantasme suivant : reconnue par tous comme la femme la plus sexy du monde, elle entreprend d'initier un jeune amant puceau à l'art de donner du plaisir à une femme. Ou bien parfois, elle s'imagine être une chamane de tribu qui va initier un jeune homme pubère à la sexualité au cours d'une cérémonie sacrée. Ou bien encore elle se voit sous les traits de Sharon Stone, réduisant à sa merci des hommes réputés virils par le seul fait de croiser les jambes ou de danser lascivement avec une autre femme. Que ces fantasmes lui trottent dans la tête au moment de faire ses courses ou à celui où elle connaît des plaisirs plus doux, seule ou en galante compagnie, il est évident qu'ils ont un effet rapide et efficace. Et cela n'a rien d'étonnant dans la mesure où nous autres femmes avons dû, au cours des siècles passés, nous attacher à initier tant et tant de jeunes mâles inexpérimentés sexuellement et émotionnellement aux mystères du corps féminin. Ce rituel est en soi extrêmement puissant et notre inconscient le sait bien. Usez généreusement à votre tour de ce fantasme et voyez si sa magie opère sur vous aussi.

## Au cœur de la beauté

Les chamans hawaïens ont une manière charmante de se connecter à leur moi positif : ils évoquent quelque chose de beau comme une rose ou un joli caillou ou encore un morceau de soie doré. Ils se concentrent sur cette beauté, la détaillent et apprécient tout ce qui la compose. À vous à présent de trouver ce qui, dans ces choses évoquées, rappellerait vos propres qualités. Par exemple, comparez les pétales de la rose à vos jolies lèvres vaginales ; ou bien remarquez que le caillou possède différentes facettes et couleurs qui rappellent celles de votre personnalité multiforme. Plongez vos mains et votre visage dans les plis soyeux d'une étoffe et comparez cette douceur à celle de votre peau. Plus vous parviendrez à vous concentrer sur tous ces éléments de beauté et de sensualité, plus votre subconscient cherchera à les faire surgir dans votre vie ; plus vous remarquerez la beauté autour de vous et plus votre esprit et votre corps chercheront à retrouver et à réaliser ces qualités encore intérieures.

## Le temple de l'amour

Le chemin le plus sûr menant à votre sanctuaire érotique intérieur passe, d'après les Chinois, par la « porte de jade » : l'entrée du vagin. Les cultures extrême-orientales et le tantrisme indien ont donné des noms très poétiques aux organes féminins, comme la « grotte du tigre blanc », « le pot de miel », « la vallée de la joie », tandis que l'Occident les affublait de diverses appellations référant à la saleté ou à la honte. Mais les indigènes des sociétés plus archaïques honoraient au contraire la vulve féminine comme le creuset, source de toute vie, du plaisir et du développement spirituel, symbolisée par le lotus – fleur de perfection et d'éternité en même temps que le grand vide d'où jaillit l'existence. Les peuples du sud de l'Inde ont sculpté des milliers de yonis (vulves) dans le bois ou la pierre en signe d'adoration. Des statues et peintures, aussi bien en Amérique du Sud, en Afrique qu'en Europe au IXe siècle, et encore en Australie de nos jours, montrent des déesses offrant le spectacle de leur sexe ouvert, avec une fierté et une autorité qui signifient à tous que là résident la fertilité, l'inspiration et la protection. Nombreuses parmi ces statues sont celles que l'on retrouve sur le linteau des portes d'entrée des maisons et des temples afin de rappeler que le vagin est le chemin qui introduit à la vie. D'innombrables églises et châteaux des îles britanniques au IXe siècle de notre ère étaient, paraît-il, sanctifiés par des « sheela-na-gigs », effigies en pierre représentant des femmes souriantes et joueuses ayant une vulve apparente. Ces peuples sages croyaient, tout comme les sorciers de Nouvelle-Guinée, que « toute magie provient du vagin, comme les doigts jaillissent de la paume de la main ».

Ce respect, cette adoration et cet amour manifeste pour le sexe sacré de la femme est une clef essentielle si l'on désire déchaîner la séductrice qui réside en nous.

Il existe plusieurs façons d'entreprendre cette quête. Vous pouvez commencer par établir la liste de toutes les choses merveilleuses qui vous viennent à l'esprit à propos de votre propre vulve : le canal des naissances, les portes de la vie ; les hommes sont à son service, c'est le lieu de toutes les extases sexuelles, elle possède des talents extraordinaires, tels que de vastes extensions ou au contraire des contractions redoutables, ou encore des lubrifications étonnantes, elle se situe dans une cachette adorable, ses lèvres sont soit gonflées et provocantes, soit de petites ailes délicates... Vous verrez que la liste est infinie et très excitante. Sinon, relaxez-vous ainsi et méditez.

Honorez l'entrée de votre temple d'amour en l'humectant d'une huile parfumée ou bien en le poudrant. Placez vos mains sur le pubis et la vulve et essayez de ressentir l'énergie qui émane de ce creuset fantastique. Détendez bien les muscles du ventre, de la zone génitale et de l'anus et imaginez que la chaleur et l'amour de vos mains pénètrent votre vagin, en illuminent les sombres espaces et font étinceler ses parois comme si elles étaient recouvertes de joyaux. Explorez cette caverne devenue à présent un temple profond, une voûte sacrée, une mosquée richement décorée, un sanctuaire, une vaste cathédrale, ou encore le repaire magique d'un chaman puissant. C'est l'entrée resplendissante qui mène aux mystères de l'extase sexuelle et de l'union sacrée. Un ami m'a dit un jour : « Lorsque l'on donne du plaisir à une femme avec sa langue, on a la tête enfouie dans cette source. C'est un lieu sacré qu'on doit adorer. C'est alors que la divinité que vous honorez vous rend instantanément les sensations et les émotions les plus sublimes qui soient au monde. »

Prélassez-vous dans ce temple de l'amour. Prenez tout votre temps. Explorez-en les moindres recoins afin d'en connaître tous les secrets sensuels qui pourraient s'y cacher. Imaginez-vous, par exemple, déesse parmi d'autres déesses, experte de l'art amoureux. Tirez des leçons de ce voyage imaginaire. Demandez à la déité de ce temple, votre déesse intérieure, de vous laver de tout sentiment négatif à l'égard de votre sexe. Priez-la de vous montrer comment mieux la connaître et laissez-lui désormais davantage de place dans votre vie quotidienne. Ne serait-ce que quelques instants, imaginez que, par un tour de magie, elle s'incarne en vous et que vous possédiez tout à coup ses connaissances, sa majesté, son charisme et sa fabuleuse expérience. Remerciez-la enfin de vous avoir permis de pénétrer dans son temple et quittez doucement cet endroit. Restez détendue, pleine d'une inspiration érotique jusque-là inconnue.

# 2

# CULTIVEZ VOTRE « JARDIN SECRET »

*Parce que je suis une déesse*
*Je rejoindrai ton ciel,*
*Et m'étendrai sur ton nuage...*
*Que ma pauvre maison soit notre paradis,*
*Et ma couche notre nuage,*
*Où nous nous unirons*
*Dans la félicité la plus parfaite.*

Poésie érotique de l'ancienne Égypte
citée par Robert Bates, *Sacred Sex*.

Être une séductrice consiste essentiellement à pouvoir transformer l'événement social le plus anodin et l'environnement le plus terne en un jardin des délices absolument sublime. Bien cultivé et en pleine floraison, votre « jardin intérieur » doit déborder sur le monde qui vous entoure, augmentant d'autant vos aptitudes au plaisir et élevant de manière remarquable la qualité de vie et d'émotions sexuelles de votre partenaire comme de vous-même.

À présent que vous avez décidé de devenir une amante exceptionnelle, votre premier acte fantasmatique va être de vous créer un jardin, un espace sensuel pour encourager et enrichir votre vie intérieure et offrir à ceux qui voudront bien vous y accompagner un fantastique terrain de jeux. Commencez par goûter l'ambroisie de la vie en laissant votre chevelure recevoir les caresses du vent ou votre peau celle de la soie, en savourant la beauté d'une œuvre d'art, en vous plongeant dans la magnificence d'une fleur épanouie, en vous laissant emporter par la poésie d'une phrase romantique ou d'un soupir émis par votre amant. Ces comportements simples mais denses vont accélérer la transformation et redonner naissance à votre nature profonde de FEMME.

Si, en amour, les hommes sont faits pour l'action en force, le don de la perception a été en revanche dévolu aux femmes. Sensuellement, les hommes ont tendance à se limiter à leurs organes génitaux, tandis que les femmes éprouvent des sensations dans tout leur corps. Un homme cherche souvent à atteindre le plus rapidement possible le plaisir, alors que la femme sait amplifier et faire grimper ses sensations, ne serait-ce qu'en installant au préalable une ambiance romantique. Elle sait bien que la stimulation des « hormones du romantisme » crée une atmosphère de magie qui équivaut à stimuler les hormones sexuelles. En fait, nombreuses sont les femmes qui ont pris conscience que le sexe seul est terriblement ennuyeux, rabaissant et totalement coupé de leurs vrais besoins, de leurs sentiments et de leurs émotions.

Les femmes comprennent intuitivement que les sens physiques ne sont qu'une étape vers un érotisme plus intense – la clef magique qui permet de passer du monde extérieur au monde intérieur et de s'en extraire, le creuset alchimique grâce auquel les couchers de soleil, les cantates et le pain qui sort croustillant du four du boulanger se transforment en phéromones de l'amour. Le monde tout entier est aphrodisiaque. Il suffit de le remarquer. Et une femme ne devient pas éminemment désirable à cause d'un corps parfait, de pratiques exotiques ou d'un amant à la Rudolph Valentino, mais en s'abandonnant et se repaissant d'une sensualité exaltée en chaque chose et en elle-même.

Utilisez vos sens comme des sas entre le monde extérieur et votre royaume magique intérieur. Regardez, écoutez, goûtez, appréciez chaque flamme d'un feu de cheminée, chaque fragrance apportée par le vent ou la fourrure soyeuse d'un animal de compagnie. Bien sûr, la vie quotidienne vous appelle et il vous faudra bien quitter tous les jours ce cocon douillet pour vous rendre à votre travail. Nécessité fait loi et il faut en tenir compte ! Mais dès à présent, dites-vous bien que c'est cette intime, secrète et impérieuse séductrice qui vit en vous qui va passer à l'action ! Essayez de créer volontairement des occasions de la laisser se manifester. Laissez-la faire avec délectation, et mettez-la en valeur. Elle risque ainsi de transformer la grisaille du quotidien en un jardin d'Éden sensuel, et faire remonter à la surface les senteurs les plus épicées qui ne demandaient qu'à galvaniser votre amant et l'envoûter dans une extase renouvelée.

## Préliminaires à la sensualité

1. Envoyez-vous des fleurs. Oui, oui, à vous-même ! Et des belles, parfumées à souhait. Vous ne vous sentirez pas seulement plus attirante et plus adorée que jamais, mais vous disposerez ainsi d'un spectacle merveilleux et enivrant dans votre chambre, votre salle de bains, votre cuisine ou votre salon – c'est-à-dire partout où vous aurez décidé de donner votre prochain rendez-vous... Laissez tous vos sens se mettre au diapason de cette explosion florale et parfumée ; inhalez sans retenue ces fragrances divines en inspirant profondément ; caressez votre peau contre les pétales veloutés. Et lorsque vous choisirez votre bouquet, laissez libre cours à vos envies profondes, qu'elles portent sur des roses rouge sang, des gardénias embaumés ou des lis tigrés au charme tellement exotique. Faites des folies !

2. Offrez-vous du parfum, celui que vous préférez, quelque chose qui soit terriblement sexy. Vous aspergerez vos bras et en déposerez quelques gouttes derrière les oreilles, entre les seins et à l'intérieur des cuisses. Ne sentez-vous pas divinement bon ? J'ai une amie très hédoniste qui adore appliquer quelques gouttes de musc entre ses orteils qu'elle masse ensuite pour que les effluves se dégagent bien. Elle dit que c'est sa façon de se dorloter.

3. Procurez-vous des tonnes de jolies bougies – longs candélabres pour l'élégance, de petites chandelles votives pour l'ambiance, des grosses bougies massives comme emblème phallique, des pots parfumés pour flatter votre odorat. Allumez-en dans la salle de bains lorsque vous barbotez pendant des heures. Mettez-en un peu partout dans votre chambre pour encourager l'inspiration érotique. Profitez-en au passage pour admirer vos formes dans le miroir : la lueur des bougies a le don de vous faire voir la réalité, c'est-à-dire votre beauté sans égale. Imaginez alors que vous vous livrez à un rituel amoureux sous la lune et devant un feu de bois. Prenez conscience de la nature incandescente de votre déesse. Soyez lumineuse.

4. Préparez un petit dîner aux chandelles... pour vous toute seule ! Installez une table très romantique avec des fleurs, votre plus belle vaisselle et du linge choisi ; allumez des bougies... bref, un décor idyllique ! Commencez ensuite à souper en démarrant par quelques amuse-gueule réputés aphrodisiaques comme les huîtres, les avocats, les mangues, les figues ou autres fruits bien juteux. Passez à présent à l'entrée, une de celles qu'on mange avec les doigts. Car on peut les lécher avec complaisance. Pour le dessert, il ne faut pas lésiner : choisissez-en un bien riche, bien suave, qui vous dégoulinera sans complexe le long du menton ! Profitez pleinement de cette nourriture exquise. Sentez-en les arômes successifs. Mâchez, léchez, sucez, goûtez, déchirez à belles dents, dégustez, avalez lentement en bénissant chaque bouchée. Si un fruit vous tente plus particulièrement, passez sa pulpe onctueuse sur votre décolleté ou sur vos avant-bras, que vous lècherez ensuite avec gourmandise. Laissez la vaisselle pour le lendemain et glissez-vous directement au lit.

5. Débouchez une bouteille d'excellent vin. Le vin rouge réchauffe et sensualise davantage que le blanc ou le rosé, mais c'est votre goût personnel qui doit l'emporter. Il faut un vin qui fleure bon, et dont l'arôme soit aussi enivrant que la texture. Sortez votre plus beau verre, versez et savourez en laissant sa chaleur et son bouquet ravir votre langue puis votre gorge. Prenez le temps des choses. Versez-en quelques gouttes sur votre main ou votre bras et léchez-les « à fleur de peau ». Détendez-vous et étirez-vous sans inhibition comme si vous accompagniez Dionysos, le dieu du vin, à une bacchanale : devenez sa déesse reine !

6. Abraham Maslow, grand psychologue humaniste, prétend que la musique et le sexe sont les deux expériences les plus exaltantes pour un humain. Alors, imaginez : la musique liée au sexe ! N'hésitez donc pas à choisir le disque de l'air le plus évocateur pour vous et écoutez-le. J'adore le jazz, mais j'ai des amies qui, en pareilles circonstances, optent pour de la salsa, le romantisme de Chopin, les sonorités sensuellement savantes d'un Ravel ou d'un Debussy,

les envolées de Tchaïkovski, le blues, le rock, la techno ou la flûte de Pan. Bref, choisissez la musique qui a le pouvoir de vous faire vibrer, fermez les yeux et laissez-vous couler. Relâchez les muscles du pelvis et des épaules. Laissez-vous aller. Au besoin, chantez ou fredonnez l'air que vous entendez. Sentez comme votre voix émet des vibrations dans votre poitrine et votre gorge. Derrière l'écran de vos paupières, observez les « couleurs » que provoque cette musique et goûtez les essences étranges, poivrées ou sucrées qu'elle suggère. Profitez à loisir de toutes les émotions et sensations que la musique crée par vagues et mêlez-vous à cette « harmonie des sphères ».

7. C'est le moment de danser. Toute nue. Il n'y a personne pour critiquer votre technique : vous êtes donc totalement libre d'onduler, de vous trémousser et de vous déhancher comme bon vous semble ; passez du rock'n'roll au swing, du fandango à la samba selon le caprice du moment. Fermez les yeux et laissez-vous emporter par le rythme. Ou bien plantez-vous devant un grand miroir et admirez combien vous êtes sexy, avec vos seins et vos hanches qui se balancent doucement. Dansez *avec* le miroir ; pressez votre joue contre lui et sentez comme il est frais. Appliquez votre poitrine contre lui pour le maculer de buée et frottez le bout de vos seins contre sa surface. Entamez la danse des sept voiles en vous servant d'écharpes et de foulards divers. Soyez provocante. Cet exercice n'est pas uniquement un spectacle amusant que vous vous donnez à vous-même, une distraction qui libère, détend et stimule, c'est aussi une répétition du fabuleux strip-tease que, sous peu, vous exécuterez pour l'homme de votre cœur.

Si d'aventure vous ne parvenez pas à vous sentir sexy et attirante lors de cette danse, essayez de vous exprimer physiquement d'une autre façon – yoga, aérobic, stretching en musique, marche à pied, taï chi, natation, course... Une de mes proches, qui ressemble à un petit lutin timide, n'ose plus se rendre en salle de gymnastique parce qu'elle se sent trop excitée à la vue de ses propres cuisses lors de certains exercices !

8. Offrez-vous de la lingerie sexy. Moi, j'adore porter des guêpières sous mes corsages, pulls ou vestes, en en laissant voir juste ce qu'il faut pour que tout le monde devine qu'il s'agit là d'une pièce de lingerie sophistiquée, hyper féminine et très excitante. Pour un œil expert, c'est l'enfer ! Que voulez-vous, je raffole de ces raffinements ! Mon amie Jennifer, elle, porte toujours des culottes de satin et des soutiens-gorge pigeonnants sous ses tailleurs bon chic bon genre de femme d'affaires. Elle prétend que ces détails intimes l'aident à se souvenir en permanence qu'elle est une séductrice sans vergogne. Remplissez vos tiroirs de toutes ces parures absolument « nécessaires ». Et si, dès ce soir, vous essayiez de passer une nuisette de soie pour dormir au lieu de votre sempiternel T-shirt informe ? Voyez combien ce type de tissu épouse vos courbes et les caresse avec tendresse. Regardez-vous dans la glace et appréciez l'effet qu'il produit. Prenez des poses comme si on devait peindre votre portrait dans cette tenue légère. *Vous êtes* un modèle magnifique pour un artiste. Achetez et portez – ne serait-ce que pour votre propre plaisir – quelque chose qui vous fasse endosser le rôle de la call-girl la plus chère du monde. Lisa, mère débordée de jumeaux de trois ans, m'a confié que le moyen le plus rapide et le plus radical pour elle de se sentir irrésistible au moment opportun est de se livrer à des facéties devant la glace après avoir passé divers accessoires chargés de lacets, de dentelles et de rubans, qui voilent artistiquement les endroits stratégiques. Ajoutez à cela des bas à jarretelles et des escarpins à hauts talons et elle se sent littéralement transformée en mangeuse d'hommes ! Un string des plus succincts pour compléter la panoplie, et son homme se jette à ses pieds. Elle avoue porter ces dessous affriolants autant pour elle-même que pour « tomber » l'homme de sa vie. J'imagine qu'en effet, avec un tel attirail, Lisa ne peut que se sentir hyper sexy ! Et chaque élément du « costume » offre de multiples possibilités pour le jeu érotique qui s'ensuit, seule ou avec son partenaire.

9. Habillez-vous constamment de manière sexy. Ce qui ne veut pas nécessairement dire qu'il faut avoir l'air d'une

prostituée, les circonstances imposant parfois d'autres styles ! Je veux plutôt dire que vous devriez toujours porter des vêtements ou des accessoires qui soient doux et sensuels au toucher, dont la texture et la forme facilitent le mouvement et caressent votre peau. Même votre tailleur sévère pour le bureau ou vos tenues sportives pour les journées d'entraînement peuvent être agrémentés d'accessoires, visibles ou non, qui aient cette qualité sensuelle. La soie, le satin, le cachemire, la dentelle, le Lycra, les perles, la mousseline, la fourrure, le velours, les boucles d'oreille qui se balancent contre votre cou, un rouge à lèvres vermillon et parfumé, un soutien-gorge particulièrement audacieux, un slip transparent, une jupe large et flottante qui caresse les mollets, des rangs multiples de bracelets tintant à vos poignets, un serpent en haut du bras comme les Égyptiennes, un « collier de chien », une minijupe, des T-shirts en soie ou en dentelle, du cuir à même la peau... Ou bien abandonnez soutien-gorge et slip ! Décidez de ne plus porter que de la lingerie sexy, ou rien !

C'est étonnant comme une femme peut se sentir désirable dès l'instant où elle ne porte plus de slip... surtout avec une longue jupe dansante qui s'envole au moindre courant d'air. Vous vous sentez en effet tellement *exposée*, pour ainsi dire !

Que ces choix de tenues demeurent clandestins, secrets, qu'ils soient réservés au seul plaisir de votre compagnon ou à une volupté intime et solitaire devant le miroir, sachez que la séductrice, en vous, en vibrera d'enthousiasme...

10. Plongez-vous dans un merveilleux bain moussant bien chaud plein de bulles parfumées. Passez-y des heures s'il le faut, mais prenez-y un infini plaisir. N'hésitez pas, par exemple, à emporter avec vous le roman fleuve qui vous tient en haleine. Puis prenez une brosse ou un gant de crin et agacez délicatement votre peau. Livrez-vous à cet exercice à la lueur des bougies, cela va sans dire. Rêvez, fantasmez, chantez, faites-vous les ongles des pieds et des mains, couvrez-vous le visage de bulles de savon puis laissez-les glisser sur le cou, la poitrine, les bras, le ventre, les cuisses, le sexe. Massez-vous les orteils. Massez-vous

également le cuir chevelu en vous shampooinant. Laissez l'eau couler le long de votre corps pour vous rincer sous la douche, fraîche de préférence. Attrapez une serviette éponge, la plus douce, la plus épaisse et la plus moelleuse de votre armoire et essuyez-vous avec volupté. Ou bien ne vous essuyez pas du tout et enfilez directement une sortie de bain préalablement chauffée sur le radiateur. Mmmh ! Un régal ! Ou bien encore, prenez le temps d'enduire votre corps de laits parfumés et hydratants. Lovée dans un peignoir chaud et soyeux, relaxez-vous... à moins que vous n'en enveloppiez aussi votre compagnon, pour lui prouver que vous savez réveiller les ardeurs d'un amant. Si vous êtes seule, plongez-vous dans votre petite musique intérieure.

11. Prenez un livre érotique, et identifiez-vous à une de ces fameuses « coquettes » du début du siècle. Transportez-vous à une autre époque et dans un autre lieu, où l'audace était de mise dans certains milieux. Comme les femmes décrites dans ces ouvrages, imaginez-vous donnant libre cours à vos passions les plus brûlantes jusqu'au moment où vous sentirez comme une chaleur, que vous connaissez bien, au fond de vos entrailles. Laissez alors vos mains la recueillir. Il existe une foule d'ouvrages érotiques depuis la nuit des temps ainsi que de nombreuses lettres ou documents dans des revues comme *Playboy* (voir, en fin de ce volume, les « grimoires » de la déesse du sexe : vous n'avez que l'embarras du choix). Il est aussi possible qu'une scène un peu « chaude » au milieu de votre roman préféré vous fasse le même effet. Une amie a photocopié tous les passages qui, au fil de ses lectures, avaient eu le pouvoir de l'inspirer sensuellement, et garde ce petit cahier dans sa table de chevet pour ses besoins personnels ! Certains morceaux sont subtils, d'autres franchement « salés », mais l'important est que l'ensemble lui fasse un effet radical et assuré. Faites de même et collectionnez les textes qui ont le pouvoir de réveiller vos sens. Faites-vous, de temps à autre, une lecture édifiante.

12. À vous aussi d'écrire votre propre prose érotique. Le seul bruit de la plume qui gratte le papier est déjà un son, une sensation sensuels. Épanchez-vous sans retenue. Confiez à la feuille blanche vos émotions, vos sentiments, vos espoirs et vos rêves. Laissez votre style courir tandis que vous suivez les méandres de votre imagination. Dites, par exemple, comment vous vous sentiez, la dernière fois, après avoir fait l'amour ; rappelez-vous les sensations qui vous avaient fait vraiment vibrer, plongez-vous dans ces émotions et essayez de les décrire. Puis inventez un interlude coquin : écrivez tout ce que vous voudriez qu'il vous arrive alors. Décrivez un morceau de musique que vous aimez beaucoup ou détaillez un endroit de votre corps. Imaginez l'amant idéal et donnez-lui des instructions pour vous faire jouir. Racontez les expériences sexuelles bizarres que vous auriez vécues si vous vous étiez trouvée sur une autre planète. Imaginez une aventure inédite pour Fanny Hill, un dénouement différent au destin de Cléopâtre. Lancez-vous et composez de brefs poèmes, articles ou histoires érotiques. Les plus audacieuses entameront un grand roman d'amour et de sexe, ou bien une bande dessinée particulièrement « friponne ». Exercez-vous à tous les styles d'écriture selon votre humeur, et éventuellement inventez-en un ! Dites-vous bien que personne ne viendra mettre son nez dans ce cahier, et que vous pouvez vous laisser complètement aller. N'ayez surtout pas peur de plonger dans des gouffres intimes jusqu'alors inconnus de vous. Explorez et révélez à vous-mêmes les désirs érotiques les plus secrets qui gisaient au fond de votre cœur.

Une autre amie, qui travaille dans l'immobilier, a passé un jour entier à se balader sur une plage, les cheveux au vent, en imaginant qu'un amant fabuleux s'enroulait autour de son corps et l'enflammait sous des baisers extraordinaires comme jamais aucun homme n'y était parvenu jusque-là. Plus tard, désireuse de coucher sur le papier ces fantasmes exacerbés, elle écrivit un poème sans rimes. Le seul fait de se concentrer pour trouver le mot juste l'aida à revivre cette merveilleuse expérience. Relire à présent ce texte provoque immédiatement en elle le désir et la passion.

J'estime donc que ce poème est devenu pour mon amie un « commutateur » érotique de premier ordre.

13. Apprenez à vous attarder sur des images érotiques. Votre double sensuel est beaucoup plus sensible aux visions érotiques que vous ne l'imaginez. Aussi devez-vous vous « brancher » sur la chaîne optique de votre libido. La séductrice adore le spectacle de beaux hommes torse nu, de scènes d'amour où les étreintes sont passionnées et les positions des amants aussi imaginatives et esthétiques que sur les miniatures ou les sculptures orientales ; elle aime s'identifier aux superbes modèles qui remplissent les magazines destinés aux messieurs ; elle collectionne aussi très volontiers les calendriers rassemblant tous les plus beaux spécimens de la gent masculine du moment avec, pourquoi pas, du nu intégral. Si le cœur vous en dit, prenez vous-même des clichés de votre amant en tenue d'Adam ou bien collez au-dessus de votre bureau des gravures explicites figurant des jeux amoureux (les musées regorgent de ce type de document, qu'il représente une toile célèbre ou bien une sculpture classique). Vous trouverez également nombre d'images tout aussi émoustillantes sur la couverture de vos romans préférés, dans les magazines de cinéma, etc. Il m'est arrivé de tomber sur des peintures de fleurs (celles de Georgia O'Keeffe notamment) qui étaient d'un érotisme flagrant tant elles rappelaient les organes féminins. Et que dire des fruits, entiers ou coupés en deux, ou même des forêts denses et humides renvoyant fatalement à un symbolisme phallique, ou bien encore de tous ces coquillages à demi ouverts et dont les humeurs étincellent comme une liqueur onctueuse ?

Les références sont infinies, vous en conviendrez. Rassemblez vous-même votre collection personnelle d'images évocatrices et conservez-la à portée de la main dans un endroit discret. Plongez-y à loisir et fantasmez pour enrichir votre libido. Imaginez que vous vous trouvez dans l'image elle-même et suivez votre inspiration.

14. Autre étape, nouvelle audace : si vous disposez d'un magnétoscope, allez vous procurer quelques vidéos. Mais

oui ! Les femmes épanouies ne redoutent pas ce type de spectacle. À la vérité, votre déesse intérieure peut très bien y rencontrer de véritables révélations. Sallie Tisdale, dans son livre *Talk Dirty to Me* (littéralement « Dites-moi des cochonneries »), affirme : « Lorsque pour la première fois, au cours d'un film porno, j'ai vu un homme pénétrer une femme, ce fut comme si j'avais tout à coup quitté mon corps. J'étais devenue la fille sur l'écran ! Puis, j'ai réintégré mon enveloppe charnelle. Mon désir avait été exalté par cette vision de l'accouplement comme une faim dévorante suscitée par le fumet d'un bon plat. »

On trouve actuellement dans les clubs vidéos de très nombreuses cassettes destinées aux adultes. Faites-vous conseiller par le vendeur du vidéo club (voir en fin d'ouvrage dans la rubrique des « grimoires ».) Un bon moyen d'étendre vos horizons érotiques personnels et de vivre par procuration ce que vous n'oseriez peut-être jamais réaliser dans le privé ! Que vous soyez fascinée par les vampires, le fouet, la bisexualité, les parties fines ou simplement la jouissance enfiévrée, vous trouverez toujours un film qui vous contentera. Votre déesse intérieure peut fort bien, grâce à ces spectacles, apprendre de nouvelles techniques amoureuses, pour innover, seule ou avec votre partenaire. En me prêtant un de ses films favoris, mon amie Judy, la bonne cinquantaine, me fit cette confidence : « Je croyais trouver ce film répugnant, mais en fait, il m'a fait bien rire, réfléchir et me pâmer d'excitation ! » Je ne saurais donc trop vous recommander : a) de lire attentivement la jaquette de la vidéo pour vous donner une idée de ce qu'elle contient exactement (romantisme ou franche pornographie, thèmes sexuels) ; b) de visionner ce genre de film avec votre ami ; c) mais de commencer par les voir toute seule... d) avec éventuellement à portée de la main un vibromasseur.

15. Il vous appartient aussi de collectionner, d'admirer et de jouer avec tous les objets que vous jugez érotiques. Joanna collectionne les objets phalliques. L'un de ses préférés est un petit pénis de cristal aussi détaillé qu'un vrai. Il est évidemment trop petit (cinq centimètres) pour être

utile à quoi que ce soit, mais il permet de rêver ! Je possède moi-même une petite statue en bois que j'adore et qui représente un homme qui se penche par-dessus l'épaule d'une femme pour lui baiser la poitrine. Marsha collectionne, quant à elle, toutes les représentations de sexe ou de fessier féminin. Comme elle est elle-même assez rondelette, cela lui permet de se sentir mieux dans son propre corps. Une autre amie passe son temps à récupérer tous les coussins de velours qu'elle déniche afin de se vautrer dessus, de les toucher, de les caresser ou de s'en caresser. Certaines estiment que les animaux sauvages, et ce qu'ils suggèrent de puissance et d'indomptabilité, ont quelque chose d'extrêmement érotique – je pense aux panthères, aux pythons, aux étalons, etc. – et aiment collectionner les représentations de ces merveilles de la nature sous forme de dessins, gravures, statuettes ou jouets en peluche. Les plumes, et parfois les plantes en forme de plume, peuvent de même inspirer les yeux et émoustiller la peau. C'est pourquoi ce type de collection n'a rien de vain, au contraire : vous encouragez de la sorte votre sensualité à s'appuyer sur des références qui seront toujours à votre disposition et qui enrichissent votre « lexique » érotique intime.

16. Les parfums et les senteurs sont également des stimuli qui réveillent très sûrement la séductrice qui sommeille en vous. Les anciens Égyptiens, pensant que les huiles essentielles étaient une création des dieux, en usaient abondamment avant de se livrer aux joies de l'amour, auxquelles présidaient Hathor ou la divine Isis aux pouvoirs hautement regénérateurs. Sachez respirer *toutes* les « essences » (parfums, odeurs, senteurs, fragrances, exhalaisons) de l'existence – l'air marin, du pain chaud, une chevelure fraîchement lavée, l'humus détrempé après la pluie, une peau de bébé, une écorce de citron, le parfum musqué d'un sexe, celui des fleurs, etc. Les effluves de gingembre, par exemple, ont le pouvoir de solliciter immédiatement mes instincts voluptueux, et je reviens toujours des îles Hawaii avec des tonnes de gingembre dans mes bagages pour en mettre partout dans mes tiroirs et mes oreillers. Essayez de

mettre une goutte de votre parfum préféré sur l'ampoule de votre lampe de chevet (avant de l'allumer) ou dans une bougie, au pied de la mèche qui brûle. Aspergez vos placards à linge de parfum au gardénia et votre lit deviendra une couche royale... Imbibez un petit morceau de coton d'essence de jasmin et glissez-le entre vos seins. Baignez-vous dans des eaux où vous aurez versé quelques gouttes d'essence de lavande. Parfumez un mouchoir de fine dentelle avec de l'ylang-ylang et portez-le à même la peau quelques instants, puis « oubliez-le » à un endroit où votre amoureux pourra inopinément le retrouver...

17. Faites brûler de l'encens. Une pièce qui embaume le musc, la rose, le jasmin, l'ylang-ylang ou l'ambre est, selon moi, quelque chose d'enivrant qui m'émeut au plus haut point. Les adeptes du tantrisme le savent bien : les vapeurs d'encens activent et érotisent les chakras (centres énergétiques). Prenez, par exemple, un bâton d'encens et laissez-le exhaler ses senteurs près de votre sexe, puis remontez tout doucement sur le devant de votre corps jusqu'à votre tête en faisant des arrêts successifs à la hauteur du nombril, du diaphragme, du plexus, du cœur, de la gorge et enfin du front. Maintenez une distance de cinq ou six centimètres entre le bâton d'encens et votre peau. Vous constaterez peut-être que cette chaleur éveille la pulsion sexuelle, communiquant à tout le reste du corps et de l'esprit une douce chaleur qui prépare sans aucun doute au plaisir.

18. Vous devez apprendre aussi à discerner l'érotisme de la nature. Les femmes possèdent ce sens inné. Elles savent naturellement voir et sentir ce qu'il y a de sensuel dans la beauté d'un soleil couchant, les reflets bleutés d'un pic neigeux, l'écume de l'océan, l'herbe grasse agitée par le vent, l'iridescence de la lumière ou les jeux d'ombre au cœur des forêts. Vous savez probablement goûter la douceur de l'air au bord de la mer, en montagne, dans les bois... ou dans la jungle humide ! Respirez profondément. Les jardiniers savent bien, eux, à quel point l'odeur de la terre mouillée et fraîchement remuée a quelque chose d'envoûtant. Prenez le temps de caresser les pétales des fleurs. Mâchez un brin

d'herbe et savourez-le. Fermez les yeux et laissez les vagues bouillonnantes de l'océan recouvrir votre corps. Recouvrez vos pieds et vos jambes de sable chaud. Frottez-vous contre le tronc rugueux d'un arbre. Marchez pieds nus dans l'herbe (et pour les plus courageuses, dans la rosée matinale.) Essayez d'éprouver d'intenses sensations en regardant galoper un cheval, un chat qui s'étire ou un oiseau qui s'élance dans les airs.

Si vous habitez en ville et avez du mal à vous en échapper, promenez-vous dans les musées et les galeries d'art. Les jardins luxuriants d'un Monet ou les paysages du peintre anglais Constable vous subjugueront. Imprégnez-vous des subtilités des jeux de lumière. Laissez-vous séduire par les clichés fabuleux, en noir et blanc, d'un Ansel Adams, amoureux des déserts et des canyons. Imaginez-vous dans le décor de Van Gogh et laissez parler « l'animal sensuel » en vous.

19. Fouillez dans votre passé pour en extraire des expériences et des sensations qui rallumeront le jeu de votre libido. D'anciennes lettres d'amour, des cartes postales, des photos, des souvenirs de bal, d'anniversaire, de chansons d'amour, des vêtements vous rappelant tel moment ou tel flirt, et même la photo sur la plage où vous étiez seule : tout peut concourir à vous remettre sur les rails de l'émoi érotique. Fermez les yeux et remémorez-vous (si cela n'a rien de douloureux, bien sûr) les visions, les sons et les odeurs associés à certains souvenirs. Sentez ses bras autour de votre taille tandis que vous dansiez du souvlaki pendant cette croisième romantique dans les îles grecques ; laissez-vous emporter par le parfum de sa peau quand il portait cette chemise... Les souvenirs ont le pouvoir de refaire battre le cœur dans l'instant et de libérer des pulsions qui ne demandent qu'à resurgir. Une séductrice demeure à jamais vivante grâce à tous ces souvenirs sensuels.

20. Lorsque vous étiez petite fille, vous accordiez certainement un pouvoir quasi magique au rouge à lèvres et aux hauts talons de votre maman. Vous saviez que ces accessoires vous transformeraient en femme fatale au même titre

qu'un chapeau de clown vous aiderait à exprimer vos côtés facétieux ou un foulard et un chapeau de cow-boy à vous faire ressembler à une égérie du Far West. Ces objets symboliques « fonctionnent » toujours, même à présent que vous avez grandi, car toute séductrice adore jouer à se déguiser. Choisissez n'importe quel personnage qui excite votre imagination érotique et endossez-le, jouez son rôle devant la glace. Attifez-vous comme une prostituée, si c'est cela qui vous amuse : bas résille, porte-jarretelles, talons aiguilles, joues fardées et cheveux ébouriffés. Tortillez des fesses, balancez votre petit sac à main, faites des effets de soutien-gorge et de mini-slip et adossez-vous dédaigneusement contre le chambranle de la porte pour attirer les clients... Ou bien, optez pour l'odalisque de harem aux mousselines vaporeuses, au corselet perlé, couverte de bijoux somptueux et de bracelets cliquetant, maquillée à la Cléopâtre, masquée d'un voile arachnéen. Arrachez de manière provocante les foulards transparents qui recouvrent vos seins et vos jambes ; la tête en bas, tirez sur le voile qui cachait à peine vos fesses et lancez des œillades perverses ; faites danser vos bijoux tandis que vous ondulez en cadence... Ou bien encore, si votre fantasme est la geisha, passez un large kimono de soie, remontez vos cheveux en chignon piqué de longues épingles et maquillez-vous pour être de la pâleur la plus exquise possible. Les Japonais estiment que la base de la nuque est un des endroits les plus érotiques du corps féminin, aussi étendez le maquillage jusqu'à cette région, l'encolure du kimono devant rester très échancrée à l'arrière pour laisser libre cette partie du corps. Avancez ensuite à petits pas dans la pièce, agitez votre éventail avec élégance devant les endroits stratégiques de votre personne, pincez les lèvres et caressez vos chevilles et votre cou.

Enfin, je vous suggère la vahiné dansant le tamouré, les seins nus, la jupe de raphia sur les hanches, des couronnes de fleurs dans vos cheveux défaits. Montrez ce que vous savez faire avec vos hanches ! Levez les bras avec grâce et commencez la démonstration. L'essentiel dans toutes ces récréations est de mémoriser les sensations que vous avez alors vécues. La prochaine fois que vous voudrez retrouver ces sensations, seule ou avec un partenaire, il vous suffira d'emporter au lit, avec vous, un voile de la houri ou un bas de la prostituee.

21. Les Indiens d'Amérique croient que toute chose – rocher, arbre, fleuve, animal, nuage – a une âme à laquelle on peut s'adresser avec le même respect, la même adoration et le même amour que l'on doit à tout être divin. En devenant consciente que chaque fleur, coquillage, fruit, peinture ou morceau de musique est une représentation vivante de la sensualité, son étincelle vitale brillera pour vous et révélera ses richesses, ses couleurs, ses parfums secrets et ses caresses à votre âme. En faisant connaissance avec cette existence voluptueuse, vous serez peu à peu transformée. Joseph Campbell affirme : « Le moi qui sait prononcer "tu" n'est pas le même que celui qui ne voit partout que des "objets". »

## Votre corps est un temple

Il n'est vraiment pas utile de suivre des séminaires sur la sexualité, de voyager dans des pays exotiques ou d'attendre l'amant idéal pour découvrir toutes les facettes de notre sensualité la plus épanouie. Tout ce que nous avons à faire est d'être pleinement présentes au sein du temple sacré de notre propre corps. Le Collectif de santé des femmes de Boston le dit bien : « Nos corps *nous* appartiennent. » C'est à travers nos sens que nous appréhendons le monde et nous-mêmes. Par le corps, nous *savons*.

Et nous savons notamment ce que nous voulons et ce dont nous avons besoin. Nous savons ce que nous éprouvons. Nous savons ce que nous devons faire. Nous savons qui nous sommes. Nous nous reconnaissons en tant que femmes. La poétesse Adrienne Rich dit que les femmes « pensent au moyen de leur corps ».

En devenant davantage consciente de notre corps, en portant davantage attention à chacune des parties qui le composent par l'observation et le toucher, nous dévoilons le mystère de notre chair aux propriétés miraculeuses. Nous apprenons à écouter nos instincts qui sont autant de guides pour faire l'amour. Malheureusement, notre raison s'impose trop souvent au cours des joutes amoureuses, réduisant au silence les instincts du corps. C'est bien d'ailleurs ce phénomène qui nous coupe de la véritable sensualité et nous laisse insatisfaites, comme si quelque chose nous manquait. Mais bien sûr ! Et ce qui manque c'est la pleine expérience de ces sens, que nous essayons tant bien que mal de stimuler. Nous critiquons souvent notre corps, ou bien nous l'ignorons, ou bien encore nous essayons de le changer. Mais sans lui, comment connaîtrions-nous ces merveilles que sont la sexualité et la sensualité ?

Pour être une amoureuse digne de ce nom, avec un partenaire ou en solitaire, pour aimer l'amour et y découvrir toujours de nouveaux plaisirs, vous devez être présente à votre corps. Pour cela, il vous faut le révérer comme le temple sacré de votre sensualité, et habiter consciemment tous ses espaces, ses chapelles, ses hypogées et ses tours d'angle. Aussi, lorsque vous voulez ressentir la volupté au plus profond de votre chair ou faire se pâmer un amant comme jamais auparavant, commencez par prendre le temps de vous concentrer pour pénétrer dans le temple de votre corps. Ressentez *réellement* les sensations de votre peau. John Gray, auteur de *Les hommes viennent de Mars, les femmes de Vénus*, affirme que les femmes possèdent plus d'« hormones de caresse » que les hommes, et que leur peau est dix fois plus sensible, autant dire aussi sensible que peut l'être le pénis pour un homme. Il vous faut donc tirer avantage de ce supplément de sensorialité, avec les diverses possibilités de jouissance que cela implique. Profitez de tout : les titillements, les agaceries, les chatouilles, et tout ce qui provoque des montées de désir, des vagues d'émotion et de plaisir. Jouissez de votre corps et dans votre corps. Voici quelques recettes pour augmenter la conscience que vous pouvez avoir de vos sens :

22. Frottez rapidement vos mains l'une contre l'autre pendant dix secondes environ, puis posez les paumes sur une partie de votre corps. Vous remarquerez : a) que vous prenez davantage conscience de vos mains et de la nature physique de votre corps ; b) que vous rendez vos mains plus sensibles ; c) qu'elles deviennent plus belles et plus chaudes ; d) que vous créez ainsi une énergie qu'il vous sera facile de ressentir physiquement. Effet garanti !

23. Fermez les yeux et prenez plusieurs longues et profondes respirations. Essayez de ressentir l'air inspiré voyageant à travers toutes les parties de votre corps. Vous allez éprouver des picotements. Imaginez que vous respirez par vos seins et que ceux-ci se remplissent de chaleur et d'énergie. Concentrez-vous bien sur cette sensation subtile et nouvelle. Imaginez de la même façon que vous respirez par votre sexe. Cette fois encore, concentrez votre attention. Sentez-le comme il se remplit, se réchauffe et accueille des énergies.

24. Une autre technique respiratoire destinée à développer la prise de conscience des sensations corporelles, et qui vient des traditions tantriques, est appelée « Souffle de feu ». Asseyez-vous en vous tenant bien droite et effectuez une série d'halètements rapides, violents et sonores, aussi bien lorsque vous inspirez que lorsque vous expirez. Tenez le rythme de quinze secondes à deux minutes (mais allez-y doucement au début). Puis inspirez profondément en maintenant le souffle, poumons pleins, le temps de compter mentalement jusqu'à 5, avant d'expirer lentement, jusqu'au bout de vos possibilités. Comme son nom l'indique, cette technique est censée enflammer votre sexualité. Mais vous pouvez aussi souhaiter diriger ce feu intérieur vers d'autres endroits du corps : vous n'avez alors qu'à concentrer votre attention sur cet endroit. Suivez le trajet que le souffle brûlant intérieur parcourt jusqu'à l'endroit du corps que vous avez choisi, notamment vos zones érogènes favorites.

25. Au cours d'activités « rythmiques » telles que le jogging, l'aviron, le chant ou l'amour, la respiration des participants est le plus souvent synchrone. Si vous accordez votre respiration sur le modèle des rythmes que vous connaissez lors des pâmoisons amoureuses, vous découvrirez que votre corps tout entier ainsi que votre mental s'accordent aussitôt aux sensations physiques de référence ! Au point même d'émettre des phéromones d'excitation sexuelle.

26. Contractez les muscles de votre corps autant que vous le pourrez pendant cinq secondes ; dans le même temps, serrez fort les poings, levez les épaules, recroquevillez vos orteils, rentrez le ventre, serrez les cuisses, gonflez les biceps et fermez les paupières. Contractez tout... puis relâchez-vous totalement pendant les cinq secondes suivantes. Refaites cet exercice cinq fois de suite puis détendez-vous, laissez-vous aller. Notez maintenant les effets...

27. Léchez-vous. Mais oui ! Commencez par passer votre langue sur le bout de tous vos doigts puis descendez le long des phalanges jusqu'à la paume ; tournez autour du poignet et attaquez-vous au dos de la main et des articulations. Remontez à présent le long de l'avant-bras, dessus et dessous, avec des arrêts « suçons » où votre langue bien humide s'attardera. En atteignant la saignée, vous conviendrez que vous ne le regretterez pas. À vous de poursuivre langoureusement partout où cela vous tentera. Lorsque vous vous retrouverez en galante compagnie, demandez au partenaire de vous rejoindre dans cette délicieuse opération en vous léchant et vous mordillant l'autre bras.

28. Rendez votre crâne plus sensible en procédant à des massages du cuir chevelu ou en vous shampooinant, tout en imaginant que c'est votre amant qui vous lave la tête, vous brosse longuement les cheveux, vous titille doucement le lobe des oreilles, vous griffe délicatement le crâne avec ses ongles, effectue de douces pressions sur les tempes et derrière les oreilles, vous tapote le crâne du bout de ses

doigts et enfin vous frotte vigoureusement avec la serviette éponge. Fermez les yeux et laissez toutes ces merveilleuses sensations réveiller les aspirations sensuelles qui vous habitent.

29. Prenez un bain de soleil – entièrement nue, si possible. La lumière du soleil augmente le flot des hormones féminines, inondant votre corps de délicieuses liqueurs de désir qui réveille la déesse en vous.

30. Gloria a trouvé un moyen simple et élégant de rester en contact avec son corps. Elle m'a raconté que lorsqu'elle se sentait d'humeur amoureuse, elle ressentait des fourmillements au niveau de la plante des pieds. Elle se concentre alors sur cette sensation qu'elle fait tout doucement remonter jusqu'à son sexe, ou ailleurs, selon l'envie du moment, puis elle bouge et respire de telle sorte que l'excitation s'amplifie, quelle que soit la suite des événements. Peu importe le signal du corps – fourmillements sous les pieds, pectoraux vibrants, paumes brûlantes, sècheresse de la bouche, etc. –, concentrez-vous sur ces sensations et visualisez-les s'acheminant vers vos doigts, vos seins, votre sexe, vos orteils ou votre tête. Sentez-les bien suivre le parcours de vos nerfs en illuminant, réchauffant et excitant au passage tout votre corps.

31. Caressez et frottez votre peau avec une fourrure, du velours, de la peau de chamois, du feutre, du miel, de l'huile d'olive, de la crème onctueuse, du démaquillant, du cuir, des champignons frais (dont la surface est aussi velouté que la peau du pénis masculin). Restez sous la pluie, courez dans le vent, plongez vos mains dans la neige, osez vous plonger dans un cours d'eau tumultueux et glacé. Roulez-vous nue sur la moquette, le parquet, le sable, un lit de feuilles. Demandez à votre déesse intérieure ce que sa peau aura préféré, et recommencez !

32. Aspergez-vous de la tête aux pieds d'une bonne lotion parfumée, sans oublier la pliure des genoux, les coudes et la nuque. Restez attentive à toutes les sensations que

vous éprouverez au cours de cette opération – les endroits où vous frottez, ceux où vous caressez, les effluves embaumés qui atteignent vos narines par vagues successives. Prenez conscience des millions de petits nerfs qui aboutissent à la surface de votre peau, ne négligeant pas un seul millimètre.

33. Voici venu le moment de l'automassage. Coupez-vous un peu les ongles auparavant pour éviter de vous écorcher. Prenez tout votre temps : la sensualité est la règle majeure du massage. Appliquez d'abord doucement une huile sur votre peau, en profitant des sensations délicieuses que vos doigts savent faire naître au cours de cette opération. Vous aurez entre-temps remarqué que chaque expérience produit des effets et des plaisirs différents. Commencez le massage proprement dit par les pieds, puis remontez graduellement le long des jambes, du torse, en gardant la zone génitale pour la fin.

Autre technique : vous commencez par le visage et le crâne et descendez ensuite progressivement. Soignez particulièrement les doigts et les mains car elles sont extrêmement sensibles et constamment sollicitées par les tâches quotidiennes. Procédez soit par des palpations glissantes et appuyées, soit par de légers mouvements circulaires. De grands cercles effectués des deux mains sont plus appropriés au niveau du ventre (amélioration de la digestion, notamment). Laissez vos doigts déceler tous les « nœuds » (tensions) et les dissoudre. Posez ensuite vos mains comme des coupes au-dessus de vos yeux, de vos seins et de votre pubis en effectuant des caresses et des pressions aussi tendres que celles d'un amant.

34. En même temps que les exercices 32 et 33, effectuez celui-ci, destiné à vous faire prendre conscience de votre corps. Si vous avez débuté le massage par un pied, par exemple, fermez les yeux et « écoutez » les messages subtils que celui-ci vous envoie. Comment ressent-il ces attentions ? Désire-t-il une pression plus forte ou plus douce ? Notez la différence des sensations entre celles de vos mains et celles de votre pied. Dégagez vos mains pendant

quelques instants et essayez d'éprouver ce que votre pied ressent à présent : légèreté et énergies vibrantes, que vous ne ressentez pas pour l'autre pied. En reprenant votre massage, soyez pleine d'attention pour votre pied. Laissez-le déguster tous ces plaisirs, puis passez ensuite à une autre partie de votre corps.

# 3

# LE PLAISIR SOLITAIRE : LA CLEF DE VOTRE ROYAUME

*Nous autres humains sommes capables de faire l'amour plus souvent et plus sensuellement qu'aucune autre espèce animale. Pourtant, nous éprouvons la plupart du temps du désenchantement après l'amour. Pourquoi ? Parce que nous ressemblons beaucoup à d'heureux possesseurs d'un stradivarius qui, en fait, n'ont jamais appris à jouer du violon.*

Jolan Chang, *The Tao of the Loving Couple.*

Votre corps est l'instrument de vos plaisirs. Mais avant de pouvoir vous en servir pour composer la plus belle des musiques avec votre partenaire, il vous faut devenir une virtuose et vous séduire vous-même en extériorisant votre sexualité profonde et sauvage, en laissant jaillir le magnétisme de votre corps et en vous enflammant délicieusement de passion. Même les dieux et déesses de l'ancienne Égypte obéissaient à cette loi fondamentale, car il est dit que le soleil avait accouché du monde en se donnant à lui-même du plaisir. Après quoi ce fut le travail du ciel féminin qui, en étendant son corps magnifique et puissant sur la terre masculine, créa, par cette union, la vie.

L'auto-érotisme a longtemps été pratiqué comme un moyen naturel et élégant d'honorer son corps et de glorifier le divin. On en retrouve des témoignages sur les plus primitives peintures rupestres de l'époque préhistorique comme sur les fresques érotiques des tombeaux égyptiens, ou dans les temples bouddhistes d'Orissa, dont les merveilleux bas-reliefs montrent des hommes et des femmes s'adonnant chacun à des caresses en solitaire. Même les sexologues recommandent aujourd'hui ce type de pratique comme un outil vital de connaissance de soi et d'ouverture aux autres, affirmant qu'on ne peut atteindre le talent amoureux auprès d'un partenaire qu'après avoir acquis une certaine virtuosité avec soi-même. De nombreuses femmes, et pas des plus excentriques, m'ont confié exactement la même chose : en dépit du fait que leur première expérience sexuelle fut passable, sinon décevante, elles affirment toutes avoir appris le plaisir et être devenues des amantes à part entière en s'occupant elles-mêmes de l'épanouissement de leur sensualité. Ce fut également mon cas !

## Mon histoire

J'ai été élevée d'une manière très stricte et protégée, ce qui signifie qu'il n'était pas question de recevoir la moindre éducation sexuelle. De moi-même, je suspectais pourtant qu'il y avait là un mystère des plus excitants et aussi des plus dangereux. Durant mes études secondaires, j'eus quelques flirts avec mes petits camarades de lycée, mais il n'était évidemment pas question de toucher aux « zones interdites ». C'est pourquoi cela ne m'était seulement jamais venu à l'idée de transgresser cet interdit. Finalement, lorsque j'atteignis l'âge de dix-neuf ans, j'eus ma première relation dite sérieuse – après une rencontre sans grand intérêt avec un jeune homme assez gauche qui remplit son rôle sans que je puisse aujourd'hui parler de « passion », d'excitation ou de romantisme. Les amants que j'eus par la suite m'aidèrent cependant à considérer le sexe comme quelque chose de plus excitant que cette première expérience aurait pu me le laisser supposer. Mais je n'avais pas encore découvert LA sensualité et ses énergies profondes (autant pour moi-même que pour ces étincelles fabuleuses qu'elles pourraient plus tard générer chez mes partenaires), jusqu'à ce que je fasse l'acquisition d'un vibromasseur (ou vibrateur, selon la terminologie « spécialisée »).

Une amie avec qui j'échangeais aisément des confidences me révéla un jour qu'elle connaissait un plaisir inouï grâce à ce petit instrument, ce qui me donna l'envie de me renseigner davantage. Je découvris alors que je pouvais parfaitement me concentrer sur mon propre corps et sur toutes ses sensations, les plus profondes comme les plus superficielles, sans qu'un homme en soit responsable. Parce que les sensations données par le vibromasseur étaient intenses et inépuisables, et parce que je pouvais le positionner exactement comme je le désirais, je fis cette découverte tant attendue : « Voilà enfin un orgasme, un vrai ! » Durant les mois qui suivirent, j'explorai ainsi chaque parcelle de mon corps, et j'appris à aimer mes hanches, mes doigts de pied, mes seins, l'intérieur du coude, mon sexe, mes lobes d'oreille, en éprouvant à quel point tous ces endroits pouvaient être voluptueux. Je me débarrassai bien vite de toute gêne ou toute honte en cessant de culpabiliser sur les plaisirs fabuleux dont mon corps était le théâtre. Je dirais même que cette meilleure connaissance de ma propre « poésie » m'a donné une plus grande confiance en moi-même ; j'ai une autre vision de l'estime que je me porte et du charme naturel qui m'habite. Plus je jouissais de mon corps et plus les hommes semblaient attirés par moi. C'est pourquoi, lorsque les femmes se défendent en me disant par exemple :

– J'ai un amant du tonnerre. Pourquoi est-ce que je m'amuserais à cela ?

– Si je me masturbe, cela veut dire que je ne peux pas avoir d'amant et que je suis pour moi-même une solution de rechange.

– Je connais déjà une façon de caresser mon petit bouton sensible. Est-ce que cela ne suffit pas ?

– Mon partenaire a horreur du vibromasseur.

– Je me masturbe de temps en temps mais je trouve ça horriblement ennuyeux.

– J'ai peur de trouver ça tellement intéressant qu'une vie de lesbienne finisse par me tenter.

– N'est-ce pas plutôt destiné à un homme ?

– Jamais je ne pourrai me résoudre à faire ça !

– Je ne saurais pas vraiment m'en servir.

– Je ne suis pas une dingue du sexe. Alors...

... je leur réponds que c'est à nous de savoir si nous voulons que le sexe soit un vrai plaisir ou non. À ce compte-là, il est évident que l'auto-érotisme est une clef vitale qui nous permet d'ouvrir grand les portes à une sexualité épanouie, savante et enivrante. Et c'est même un des moyens les plus sûrs, faciles et rapides pour se libérer. Et s'il vous faut vraiment des raisons substantielles pour vous décider à dépenser du temps et une énergie précieuse à ce qui pourrait passer pour des plaisirs frivoles, repoussants, pervers ou complaisants, en voici :

## Première raison
## L'auto-érotisme est la seule manière de devenir une amante digne de ce nom

En recherchant votre propre et totale satisfaction sexuelle, vous accédez à votre véritable « moi », sauvage, amoureux, sensuel, généreux, débridé, inventif et aventureux, le moi magnétique, l'Aphrodite intérieure et instinctive : la déesse du sexe. Vous découvrez un nouveau chemin menant à l'accomplissement de votre féminité.

Vous possédez les clefs de votre corps, de vos sensations physiques et émotionnelles, et celles d'une lascivité exacerbée. Le plaisir solitaire ne peut que déboucher sur des découvertes multiples ; vous saurez ainsi :

– ce qui vous donne le plus de sensations ou ce qui vous rebute ;

– ce qui vous aide à vous sentir moins inhibée ;

– combien de temps vous aimez être stimulée ;

– le degré de sensibilité de vos seins et de votre clitoris ;

– où se situe exactement votre clitoris et comment il aime être caressé ;

– la meilleure façon pour vous d'atteindre l'orgasme ;

– comment étendre vos capacités sexuelles en obtenant plusieurs orgasmes d'affilée.

En vous familiarisant avec vos organes sexuels et les plaisirs qu'ils peuvent vous dispenser, vous découvrez à quel point ils sont beaux et puissants. Je connais une femme qui estime que ses lèvres vaginales, roses comme des fleurs délicates, sont ce qu'elle a de mieux. Elle dit que les hommes sont littéralement fascinés par ces pétales intimes et qu'ils n'en finissent pas de les caresser et de les embrasser !

En découvrant et en éveillant toutes vos zones érogènes, en prenant conscience de ce que peut ressentir un homme pris dans le fabuleux étau de vos contractions vaginales et en vous rendant compte à quel point vous êtes sexy pendant l'orgasme, lorsque vos hanches ondulent et vos seins se tendent, vous ferez l'expérience de la puissance de votre sexualité. Cette puissance vous appartient : vous pouvez la commander, en jouir et l'offrir. Vous *savez* désormais que vous êtes, dans les jeux de l'amour, une arme délicieusement redoutable.

Et lorsque vous posséderez le contrôle absolu de vos atouts et de vos armes sexuels, en ne dépendant plus de qui que ce soit si ce n'est de vous-même pour gérer votre propre univers sensuel, vous serez prête à enflammer le corps d'un homme, son esprit ainsi que sa zone érogène la plus importante... son imagination.

## Deuxième raison
## Grâce à l'auto-érotisme, vous vous *sentez* sexy

Dans *Les 203 façons de rendre fou un homme au lit*, j'ai dit que le premier secret pour être épanouie dans sa sexualité tenait en une formule : « *Sentez-vous* sexy et vous *serez* sexy. » Pour réveiller d'une manière rapide, sûre et amusante la puissance des sens et leurs vibrations, il suffit de titiller son corps et son mental par quelques caresses.

La raison de cette efficacité immédiate est que le simple fait de penser au sexe vous rend aussitôt sexy ; se préparer à une rencontre amoureuse produit le même effet sur vous, de même que le fait d'aimer et d'apprécier votre propre corps, vos organes génitaux, d'observer les signes extérieurs de votre excitation et de votre plaisir. Stimuler vos hormones sexuelles a également le pouvoir de vous rendre sexy (ce qui, après tout, correspond à leur rôle physiologique : vos vaisseaux pelviens se remplissent de sang, votre vagin exsude une « liqueur », vos terminaisons nerveuses au niveau du sexe et des seins sont surexcitées, vos tétons se durcissent, vous sentez couler en vous un sang neuf et une énergie extraordinaire). En fait, le champ électromagnétique qui entoure votre corps commence à être submergé par la puissance des énergies sexuelles.

Il est donc évident que l'auto-érotisme augmente votre aptitude au plaisir. Plus vous connaîtrez le plaisir de cette façon, et plus vous en redemanderez. Plus vous apprendrez à jouir, et plus vous saurez vous donner de la jouissance. C'est un peu comme lorsque vous faites un tour de manège à la fête foraine : vous en redescendez un peu étourdie, mais ravie, prête à affronter le grand huit ! « Construire » sa sexualité et sa sensualité est un peu similaire. Vos sens enfin existants ne peuvent que réclamer, avec enthousiasme, expansion et enrichissement.

Et voilà le plus important : en vous connectant à votre déesse intérieure, vous vous sentez cette fois vraiment sexy. Elle est dépositaire de toutes vos envies, vos sentiments et vos connaissances. Si vous l'aimez, la respectez et la laissez librement s'exprimer, elle vous récompensera au centuple en développant toutes vos ressources et vos richesses sexuelles. Votre déesse intérieure *sait parfaitement* comment se sentir et être sexy. Elle *est* le sexe lui-même.

## Troisième raison
## L'auto-érotisme vous permet de garder le contact avec votre corps

La plupart du temps, nous ignorons l'existence de notre corps. Nous sommes trop préoccupées par les nécessités du travail, de la vie sociale et domestique, l'achat d'un réfrigérateur ou d'un vêtement, les décisions à prendre et les opinions à formuler, les questions que nous nous posons sur le nouvel homme de notre vie (est-il suffisamment digne de confiance, responsable et stable pour envisager une liaison amoureuse ?). Nous faisons de l'exercice physique une obsession mentale (rythme cardiaque, records personnels, forme, kilos...), de sorte que les besoins essentiels et les sensations que notre corps peut exprimer apparaissent souvent comme moins importants, moins fiables et surtout moins réels que ce que nous dicte notre esprit tout-puissant. Mais cette coupure entre le corps et l'esprit peut déboucher sur de terribles autodestructions.

Lorsque je néglige les plaisirs de l'auto-érotisme, j'ai un regard beaucoup plus critique sur mon propre corps. Je le perçois comme une entité distincte et je ne remarque plus que mes cuisses imparfaites et mes pattes d'oie autour des yeux. Je perds la conscience des rythmes de la nature et des cycles de mon corps. Je ne me connais ni ne m'aime plus autant. Je me sens tout à coup vidée de mes pouvoirs et déprimée.

Mais heureusement, une bonne séance d'auto-érotisme restaure immédiatement mon sens de l'unité, je redeviens « corps et âme ». Le phénomène se produira également pour vous. En concentrant votre attention sur les sensations de votre peau, de vos muscles, de vos zones érogènes et de vos points sensibles (en nombre apparemment illimité) et de votre féminité tout entière, vous retrouverez votre corps comme un ami, et vous aimerez tous ses plaisirs. Vous découvrirez que vos cuisses et vos yeux aussi éprouvent de belles sensations. Votre corps, votre esprit et votre âme commencent à résonner de concert. Vous vous sentez en meilleure santé, davantage incarnée et en harmonie avec vous-même, plus humaine. Votre corps vous invite à partager ses plaisirs et ses jeux : danser, faire du sport, faire l'amour. Vous réclamez ainsi le droit à la joie d'être en vie et vous êtes heureuse de posséder ce corps de femme si sensuel et à ce point fait pour le plaisir.

## Quatrième raison
## L'auto-érotisme renforce et augmente la souplesse de vos muscles pendant l'acte sexuel

Le pubo-coccygien (PC) est le muscle de l'amour. C'est lui qui vous permet d'arrêter le flot urinaire. Avec un peu d'entraînement, vous pouvez l'utiliser pour masser un pénis jusqu'à l'extase. C'est lui aussi qui préside aux contractions de l'orgasme et, si vous l'entraînez, qui vous permettra de connaître des orgasmes plus importants, plus subtils et plus fréquents. Assouplir ce muscle peut suffire à vous donner la sensation d'être sexy et excitée. C'est pourquoi un muscle PC fort et souple, en un mot, tonique, est essentiel pour connaître pleinement la joie amoureuse, en solitaire ou en duo.

L'afflux sanguin et les contractions de l'orgasme vitalisent le muscle PC. Bien entretenu, ce muscle vous remerciera en vous faisant accéder à des plaisirs quasi divins ainsi qu'à un meilleur contrôle sur le plaisir du partenaire. Bien évidemment, la meilleure façon de connaître de merveilleux orgasmes toniques – sauf si votre partenaire est un étalon marathonien qui vous tient en haleine vingt-quatre heures sur vingt-quatre ! – est de vous exercer régulièrement à l'auto-érotisme.

## Cinquième raison
## L'auto-érotisme vous apprend à atteindre l'orgasme – ou de multiples orgasmes – facilement et rapidement

Nombreuses sont les femmes qui n'ont jamais eu d'orgasme, avec ou sans partenaire. Nombreuses encore sont celles qui ne savent même pas si ce qu'elles ont éprouvé est un orgasme ou pas. Et on ne compte plus celles qui « font semblant » pour avoir la paix et ménager la susceptibilité de leur conjoint.

Si l'on en croit certaines statistiques récentes, environ 30 % des femmes seulement connaissent un orgasme dans leurs relations sexuelles, tandis que 80 à 99 % ne parviennent à l'extase que par la masturbation. Voilà qui est étonnant : il est, en quelque sorte, normal et commun *de ne pas* avoir d'orgasme dans une relation sexuelle avec un partenaire ! La plupart des femmes ont besoin d'une stimulation supplémentaire pour parvenir à la plénitude et à la jouissance, mais s'en privent, sous prétexte que le plaisir ne doit être provoqué que par la grâce du pénis masculin ! Si certaines d'entre elles y accèdent tout de même, beaucoup d'autres sont loin du compte. La vérité est que dès l'instant où vous savez comment votre propre corps désire être stimulé en vue d'atteindre l'orgasme, vous pouvez connaître cette jubilation dans n'importe quelle circonstance, rapidement et aisément – aussi bien pendant l'amour avec un partenaire, que pendant la masturbation solitaire ou accompagnée.

Le corps d'une femme est une extraordinaire et fascinante machine à plaisir, capable de jouir des millions et des millions de fois, que ces orgasmes soient des dégustations délicates ou des ouragans dévastateurs. Si l'on en croit le Dr Andrew Stanway dans son livre *The Art of Sensual Love* (« L'art de l'amour sensuel »), « il est fort probable que, quantitativement, les joies sexuelles de n'importe quelle femme durant toute une vie (amour partagé ET auto-érotisme) soient nettement supérieures à celles de n'importe quel homme ». Il semblerait en effet que les aptitudes féminines à connaître des gratifications sexuelles soient sans limites. Et plus vous aurez d'orgasmes, plus votre corps apprendra à répondre à toutes sortes de stimulations, de sorte qu'il vous deviendra de plus en plus facile d'atteindre la jouissance et l'exaltation.

Le meilleure façon d'apprendre à votre corps à atteindre facilement l'orgasme est l'auto-érotisme. De fait, dans l'intimité, vous pourrez essayer toutes sortes de choses amusantes sans avoir à vous soucier du temps que vous y passez, où si vous avez l'air d'une cinglée, ou encore si ce que vous faites pourrait être jugé comme une bizarrerie. Si vous avez besoin de caresser votre clitoris pendant vingt minutes avant de jouir, alors vous venez de faire une précieuse découverte. Si vous vous rendez compte qu'il vous faut à la fois titiller vos tétons, masser votre anus et effectuer des va-et-vient avec un doigt dans votre vagin pour avoir un orgasme, c'est que vous avez trouvé la clef qui vous ouvre la chambre d'ineffables délices. Et dites-vous bien que ce n'est pas avec un homme que vous découvrirez tous ces merveilleux secrets, mais avec vous-même. Dans l'amour en couple, vous n'oserez jamais explorer ainsi vos possibilités érotiques : vous serez trop préoccupée du partenaire, ou trop pressée, car monsieur en sera déjà à éjaculer tandis que vous commencerez à peine à profiter de vos émois. Il s'endormira quand vous en serez encore à vous demander ce que vous faites là... et j'en passe ! Cessez une bonne fois de vous sacrifier, de vous ignorer, de renoncer ainsi à vous-même ! Servez-vous de vos mains pour apprendre la carte du Tendre de votre corps, de vos sens et de votre plaisir.

## Sixième raison
## L'auto-érotisme vous donne le contrôle de votre propre plaisir

En connaissant bien votre corps et ses réactions sensitives, vous accédez à un meilleur contrôle de l'orgasme et de sa montée. Vous savez ce qui va solliciter cette sensation fluide et brûlante qui se répand dans la totalité de votre corps et qui exulte sous forme de délicieuses contractions. C'est alors que vous pouvez guider le partenaire pour qu'il vous donne *plusieurs orgasmes*, si cela est votre souhait. Le point crucial est de savoir exactement ce que vous voulez, ce dont vous avez besoin et comment l'obtenir. Vous êtes votre propre maîtresse.

Et puis songez aux périodes où aucun homme ne partage vos jours... ni vos nuits. Cela ne signifie pas, heureusement, que vous devez renoncer à vous pâmer d'aise : tandis que vous vous livrez aux plaisirs solitaires, vous avez tout le loisir de jongler avec les fantasmes les plus extravagants – on me touche ici, on m'embrasse là, on me fouette comme ça, ça dure autant que ça, plus doucement, plus violemment, etc. –, exactement de la façon dont vous avez le plus envie ! Votre partenaire imaginaire saura, je n'en doute plus, précéder même vos plus subtils désirs, et il ne se lassera jamais des caresses et des agaceries auxquelles vous aspirez pour parvenir au plaisir. C'est ainsi que j'ai eu de merveilleuses liaisons (imaginaires) avec Mel Gibson, par exemple, où sa langue caressait chaque centimètre de ma peau pendant plus de trois heures d'affilée ; il m'étreignait la poitrine exactement comme je le voulais pendant plus d'une heure et demie ; ensuite, il me prenait avec d'énergiques coups de reins pendant trois quarts d'heure, jusqu'au moment où je criais grâce, exténuée et ravie...

Et même lorsque vous avez un homme dans votre vie, il se pourrait qu'il doive s'absenter ou qu'il tombe malade ou bien qu'il connaisse des périodes où il n'est pas inspiré. Eh bien, quoi qu'il arrive, vos mains seront toujours des amies fidèles et passionnées !!! Imaginez qu'un soir votre compagnon ait eu la merveilleuse idée de vous envoyer dix fois de suite au septième ciel. Parfait. Mais si c'est la onzième fois qui vous manque, qu'allez-vous faire, alors que votre héros s'est écroulé d'épuisement ? Je vous laisse répondre à ma place. En d'autres termes, ne soyez plus à la merci d'un partenaire masculin, de ses humeurs, de sa forme, de sa bonne volonté et de son inspiration pour connaître les joies de l'extase sexuelle.

## Septième raison
## L'auto-érotisme donne de la confiance en soi dans tous les domaines de l'existence

Une fois que vous saurez comment savourer le plaisir et que vous pourrez vous y consacrer n'importe quand, sans dépendre de qui que ce soit, vous retrouverez une formidable confiance en vous-même et un contrôle accru de vos émotions. Vous vous sentirez plus sûre de vous, plus puissante et vous vous estimerez davantage.

Ce sentiment exaltant de puissance influencera tout naturellement les différents domaines de la vie ordinaire. Le fait de prendre vos responsabilités concernant vos propres satisfactions sensuelles vous permettra de prendre des centaines d'autres initiatives par ailleurs. Cette vie bouillonnante et cette puissance que vous ressentez en vous vous aident à prendre conscience que vous êtes une créature fascinante, aux possibilités infinies, quel que soit le rôle que vous jouez actuellement dans la société et dans votre vie affective.

Une amie banquière, Charlotte, me disait : « À présent que je sais rester en contact avec tous ces sentiments et ces expériences, je me sens plus complète, davantage intégrée. Je sais que je peux faire des tas de choses extraordinaires dans tous les domaines. Et j'aime cette idée de moi. »

Citons encore un extrait de *For Yourself* (« Pour vous-même ») de Lonnie Barbach : « Les femmes qui connaissent de vrais orgasmes ont tendance à se décrire comme satisfaites, de bonne humeur, perspicaces, sûres d'elles-mêmes, réalistes, fortes, capables et compréhensives, tandis que les femmes qui ne connaissent pas ces joies se définissent comme amères, désespérées, frustrées, méfiantes, soupe-au-lait, immatures, inhibées, pleines de préjugés, de caractère boudeur. » Bigre ! Je préfère cent fois être une femme « multi-orgasmique » ! Pas vous ? Et ne croyez-vous pas que ce serait également la préférence de vos compagnons, vos enfants, vos collaborateurs et vos amis ? Quand on est heureux et comblé, on est plus fort et on rayonne. Et vous le savez très bien...

## Huitième raison
## L'auto-érotisme est la clef qui permet d'en finir avec la culpabilité et l'inhibition

Plus vous passerez de temps à explorer les ressources de votre corps – à vous sentir plus à l'aise avec lui, à répertorier toutes les choses merveilleuses qu'il peut vous donner, à l'admirer quand il est au repos ou dans une phase d'excitation –, plus vous percevrez que le plaisir sexuel est le bénéfice naturel, spécifique et merveilleux d'une personnalité épanouie. Nos corps adorent être flattés et caressés ; ils ne réclament même que cela. Et l'on sait que l'absence d'affection exprimée physiquement crée un manque tel qu'on peut en tomber malade.

Le fait de découvrir que l'auto-érotisme est une fonction naturelle et magnifique, quelque chose qui vous renvoie une meilleure image de vous-même et des autres, vous libère de tout sentiment de culpabilité. Cette connaissance détruit les inhibitions et vous aide à exorciser ces anciens tabous qui vous empêchaient de profiter pleinement de la déesse du sexe qui habite en vous. Et lorsque vous aurez effectué un grand ménage dans tous les recoins de votre psyché pour la débarrasser définitivement de toute culpabilité d'ordre sexuel, vous pourrez laisser s'épanouir vos sens et votre véritable personnalité – cette fois, *avec* votre amant, ce veinard !

Vous pourrez désormais prendre davantage plaisir à faire l'amour, et sans regret.

## Neuvième raison
## L'auto-érotisme influence votre santé, votre bien-être et votre énergie

Le flux sanguin et les énergies qui circulent par tout le corps s'accélèrent lorsque vous faites l'amour avec vous-même. L'exercice entretient la musculature, la santé, le taux énergétique, et produit des endorphines qui créent en nous cette merveilleuse sensation de bien-être.

Selon le Dr Deepak Chopra, une particule chimique (interleukin-2) parcourt le corps dans sa totalité lors de toute activité « exaltante » – et je pense qu'on peut qualifier l'auto-érotisme d'activité exaltante. Cette particule serait une puissante substance anticancérigène. C'est pourquoi je ne saurais trop vous inviter à vous livrer régulièrement à cet exercice intime qui sollicite à la fois le corps et le mental, car il est source de bonne santé.

## Dixième raison
## L'auto-érotisme diminue le stress et les tensions

La formidable détente musculaire et émotionnelle qui succède à l'orgasme agit comme un tonique qui atténue vos angoisses, vos tensions musculaires, vos stress professionnels ou vos frustrations intimes. Stress et tensions restreignent le flux sanguin et les énergies dans les tissus, causant ainsi des blocages dans la santé, la joie de vivre et la créativité. Tel le plus efficace des massages, le plaisir intime apaisera, « d'un simple doigt », les tensions qui vous paralysent.

Diane, qui mène une carrière professionnelle extrêmement stressante, m'a avoué : « Il m'arrive de me masturber quotidiennement lorsque, pendant une semaine, on est complètement débordés au bureau. Je ne sais vraiment pas comment je ferais pour gérer tous les problèmes, les rendez-vous, la course folle du business, si je n'avais pas ça ! »

## Onzième raison
## L'auto-érotisme est un antidote contre les insomnies

Vous connaissez toutes ces nuits où vos neurones ne cessent de se retourner dans tous les sens, où vous passez en revue, pour la centième fois, cette fameuse conversation décisive ou l'événement marquant du jour. Vous gardez fixement les yeux au plafond dans l'espoir que le sommeil vienne vous arracher à ces soucis pernicieux...

La meilleure façon d'inviter le marchand de sable à vous rendre visite est de vous décider à vous livrer à une séance de supercaresses qui effacera les tensions de la veille. Il a été scientifiquement prouvé que se donner ainsi un doux orgasme relaxait les muscles et mettaient les ondes cérébrales en fréquence alpha (celle du rêve et de la créativité) ou, parfois, théta (sommeil profond). Et ce « somnifère » a l'avantage de ne pas provoquer d'effets secondaires ! Le lendemain, vous vous réveillez en pleine forme, fraîche et dispose !

## Douzième raison
## Ce n'est pas parce que vous n'êtes pas en forme que vous devez cesser de vous sentir bien !

Supposons que vous soyez victime d'une infection, que vous veniez de subir une opération chirurgicale quelconque, que vous en soyez aux derniers mois d'une grossesse ou que vous veniez d'accoucher, ou encore, que vous ayez vos règles : autant de moments d'inconfort où vous n'avez pas envie de galipettes avec un partenaire. Mais il se trouve précisément qu'à cause de ces moments difficiles, vous avez *davantage* besoin de tendresse, d'attention, d'affection. Pas de meilleure indication pour utiliser les pouvoirs fabuleux de la joie sensuelle ! Et comment faire si ce n'est en vous gratifiant vous-même ? Les caresses que vous vous accorderez sauront alors apaiser votre âme et encourager votre corps à rester en contact avec la déesse intérieure, c'est-à-dire la vie elle-même.

## Treizième raison
## La femme ménopausé augmentera, grâce à l'auto-érotisme, sa lubrification vaginale et atténuera ainsi les inconvénients liés à la sécheresse des muqueuses

Cela n'est pas seulement vrai lors de la masturbation, mais d'une manière permanente. En conservant vos glandes sexuelles actives, avant, pendant et après la ménopause, vous les encouragez à sécréter régulièrement une « liqueur » lubrifiante, plus abondante lors de rapports sexuels avec un partenaire. En conservant des muscles vaginaux toniques et des hormones actives, vous resterez sexuellement vivante et en contact permanent avec votre déesse intérieure.

## Quatorzième raison
## L'auto-érotisme rend les règles moins douloureuses

Un des avantages à conserver une musculature vaginale tonique habituée aux orgasmes répétés est que celle-ci, plus forte, plus élastique, est également mieux adaptée à gérer les mouvements organiques qui interviennent au moment des règles. Les spasmes utérins, pour laisser échapper le flux menstruel devenu inutile, deviennent alors moins douloureux, moins intenses et moins pénibles à supporter. Sans ces muscles spécifiques, les contractions seraient obligées de solliciter les muscles alentour – ceux du ventre et de la région lombaire – avec toutes les névralgies bien connues que cela entraîne aussitôt. Beaucoup de femmes habituées à se masturber affirment qu'en période menstruelle elles ne sont plus victimes de ces crampes ou lombalgies si douloureuses qu'elles avaient autrefois éprouvées. Appréciable, non ?

## Quinzième raison
## L'auto-érotisme vous fait mieux apprécier l'amour à deux

Si vous êtes excitée, vous ne pouvez manquer de réveiller *ses* sens à lui.

Avec des muscles PC performants, le pénis de votre compagnon succombera infailliblement et, si votre corps aspire à une véritable explosion orgasmique, vous ne sauriez manquer de susciter chez votre amant une vigueur toujours renouvelée et une imagination sexuelle sans bornes.

Par la connaissance parfaite de vos zones érogènes et de vos préférences sensitives, vous manifesterez une plus grande confiance et une plus grande créativité dans vos rapports à deux.

Vous pourrez gentiment guider sa main vers vos lèvres vaginales et lui faire comprendre que c'est dans le sens des aiguilles d'une montre que cela vous fait frissonner. Laissez-lui donc enfin cette sensation fabuleuse de vous mener au plaisir, si ce n'est au délire. Vous pourrez d'ailleurs lui enseigner mille petits trucs subtils, qu'il n'aurait jamais pu deviner autrement, et qui enrichiront votre relation par une inventivité mutuelle. Et si vous constatez que votre partenaire, finalement, n'aime guère vous voir torride comme les feux de l'enfer, réfléchissez à ceci : une étude publiée en 1991 nous signale que 91 % des mâles – dont 98 % entre trente et quarante-quatre ans – aimeraient non seulement que leur partenaire ait un rôle plus actif en amour, mais qu'elle choisisse elle-même les positions, les endroits et les techniques ! À bon entendeur...

Si sexuellement vous vous suffisez à vous-même, vous vous sentirez plus libre d'exprimer vos désirs lorsque vous serez à deux. Et, parallèlement, le partenaire se sentira moins obligé d'accomplir des exploits et de répondre à lui seul à toutes vos exigences. Il ne passera plus des nuits blanches à se torturer la cervelle pour deviner comment vous amener à ces orgasmes successifs dont les femmes, a-t-il lu quelque part, rêvent secrètement. Il vous appartiendra de lui montrer la voie royale pour y parvenir. Et il vous en saura gré ! Votre attitude confiante et euphorique le motivera et réveillera à coup sûr ses aptitudes naturelles, ses talents et ses instincts sauvages. Hmmm...

Si vous savez comment vous retrouver dans l'intimité avec vous-même, vous le saurez encore davantage avec un partenaire. De même, votre esprit d'ouverture servant d'exemple, il cherchera de lui-même à vivre une plus grande intimité avec vous. Votre relation s'enrichira d'échanges sans cesse accrus, avec votre harmonie des âmes qui est ce à quoi nous aspirons toutes. Un amant m'a dit un jour : « Quand tu es ainsi disponible, que tu exprimes tes sentiments, que tu me montres à quel point tu peux être vulnérable et perdre tout contrôle dans la sensualité, j'ai l'impression que, moi aussi, je peux me laisser aller totalement avec toi. Et ça, j'aime... »

Si vous vous masturbez régulièrement, vous vous sentirez plus sexy. *Et vous serez* plus sexy. Vous aurez envie de faire plus souvent l'amour avec l'homme de votre vie et pendant ces moments-là vous manifesterez plus d'enthousiasme et de talent amoureux. Il croira chaque fois rendre l'âme entre vos bras...

Enfin, et ce n'est pas le moins important, lorsque vous aurez acquis l'habitude de l'auto-érotisme et le bien-être qu'il implique, vous pourrez effectuer pour votre partenaire un numéro vraiment époustouflant. Les hommes *adorent* voir une femme se donner à elle-même du plaisir. Attachez-le aux montants du lit afin qu'il ne puisse rien faire d'autre que de vous regarder vous caresser, ou simplement mouiller votre doigt avant de l'introduire en vous, tout en ne le quittant pas du regard... Pas un n'y résiste !! Toute véritable séductrice a ce numéro à son répertoire. (Pour plus de détails, voir le chapitre 10.)

## Seizième raison
## À l'époque du sida, l'auto-érotisme demeure l'ultime sexualité absolument sans danger

Il est bien évident que lorsque vous faites l'amour avec vous-même, vous ne risquez pas d'attraper une « maladie sexuellement transmissible ».

Même dans une relation à deux, la masturbation mutuelle, ou chacun pour soi, peut devenir une activité récréative et un bon moyen de ne pas prendre de risques. Servez-vous de vos mains, de vibromasseurs, de godemichés et autres accessoires : ils vous permettront des rapports intenses et ludiques sans échange de liqueurs séminales. Nul besoin de coït pour connaître la joie de la pénétration : pensez par exemple aux fruits et légumes tels que concombre, banane, etc. (Pour plus de détails, voir chapitre 9.)

## Dix-septième raison
## La joie que procure l'auto-érotisme est toujours renouvelable

Le matin, le soir ou à tout autre moment, au bureau, en voyage, à la plage, en avion, lorsque vous vous ennuyez, que vous vous sentez trop moche pour recevoir qui que ce soit, lorsqu'il dort ou regarde un match à la télé, entre le moment où il oublie l'anniversaire de votre premier baiser et celui où vous lui pardonnez, dans les périodes de solitude obligée, après un divorce, quand vous êtes déprimée et que vous vous sentez abandonnée de tout le monde, quand vous vous trouvez irrésistible et que vous n'avez personne sur qui tester vos pouvoirs de séduction, lorsque vous restez enfermée chez vous avec un film porno ou la photo d'un superbe mâle musculeux, lorsque vos pensées vagabondent et que les fantasmes les plus incroyables s'agitent dans votre tête – eh bien, chère amie lectrice, vous pouvez toujours parer au plus pressé en vous occupant de vous-même !

Une amie se souvenait que lorsqu'elle se rendait à un

rendez-vous amoureux après trois mois de séparation, elle était tellement excitée à la seule idée de l'érection majestueuse que son amant lui réservait, qu'elle devait se rendre rapidement dans les toilettes de l'aéroport pour soulager la tension sexuelle qui l'envahissait. Merci, déesse, d'avoir fait en sorte que nos mains voyagent toujours avec nous !!

## Dix-huitième raison
## L'auto-érotisme est une des meilleures façons de réveiller la déesse du sexe qui dormait en nous

L'ancienne déesse sumérienne Inanna nous rappelle que les humaines comme les déesses ont toujours compris, et de manière innée, que l'auto-érotisme est une formule magique qui ouvre le royaume intérieur de la puissance. En fait, Inanna est la patronne de l'auto-érotisme parce qu'elle est constamment en état extatique dans une union avec elle-même. Union qui favorisait la fécondité de tous les êtres...

Il existe de nombreux chemins – mentaux, émotionnels et spirituels – qui mènent à notre royaume intérieur ; mais la voie physique de la découverte des sens et l'auto-érotisme sont certainement les routes les plus simples car elles sont tangibles et facilement accessibles. Vous découvrirez vite que si vous vous adonnez, avec un véritable amour de vous-même, à ce que l'on pourrait considérer comme un exercice purement mécanique et sans âme, vous ferez appel automatiquement au mental, à l'émotionnel et même au spirituel. Non seulement vous y trouverez plus d'amusement, de stimulation et de satisfaction, mais vous aurez une meilleure estime de vous-même et développerez vos aptitudes à communiquer – recevoir l'amour, que vous soyez seule ou à deux. Voilà ce que signifie être une vraie séductrice.

4

# LE CORPS D'APHRODITE

*Autour de son cou délicat et de ses seins d'un blanc lumineux, les Heures aux doigts d'or enroulaient des joyaux rutilants, ceux-là mêmes qu'elles portaient quand elles allaient danser avec les Immortels dans la maison de leur père.*

Premier *Hymne à Aphrodite* d'Homère.

Même Hélène de Troie, cette femme à la beauté tellement prodigieuse et légendaire qu'une guerre fut déclenchée en son nom, s'inclinait devant la magnificence époustouflante et le pouvoir sensuel d'Aphrodite, reine du ciel et déesse de l'aurore. En dépit d'un des déguisements temporaires d'Aphrodite en vieille femme, Hélène reconnut la merveilleuse déesse à sa « gorge délicate, à ses seins si désirables et à ses yeux brillants ». Représentée nue le plus souvent, la déesse de l'amour était totalement inconsciente des pouvoirs de son corps et de sa sexualité ; elle se contentait la plupart du temps de se parer de bijoux d'or... En fait, sa sensualité simple et directe et ses penchants évidents pour le plaisir lui valaient de séduire tous les mâles. Aphrodite était une femme qui connaissait parfaitement ses zones érogènes et savait s'en servir pour exciter ses amants aussi bien qu'elle-même, partant du principe que faire vibrer tous ses sens sans exception et donner de la jouissance à son corps superbe étaient la façon la plus naturelle pour une femme de nourrir son âme érotique.

Réveiller l'Aphrodite qui sommeille en vous signifie donc apprendre à goûter les plaisirs que donne la chair et à ouvrir votre corps aux riches sensations et émotions qui ne demandent qu'à en jaillir. Et vos mains, mythiquement parées des précieux bracelets et des bagues d'or et de cuivre d'Aphrodite, sont la clef de cette aventure. Il vous faut par conséquent user de vos doigts (les doigts d'or de la déesse) pour aimer et éveiller les sens de votre corps, explorer tout ses charmants contours, découvrir et augmenter tous les endroits érogènes les plus secrets et transformer votre corps tout entier, tel celui d'Aphrodite, en un temple somptueux pour les délices érotiques auxquels vous sacrifierez régulièrement, seule ou à deux.

Il est tout à fait normal de ressentir au début quelque appréhension ou gêne à l'idée de vous donner manuellement du plaisir. Essayez de mettre de côté vos inhibitions. Il vous faut un peu d'audace. Si vous êtes trop timide pour vous lancer dans *toutes* les suggestions qui vont suivre, aucune importance. Commencez toujours en choisissant les exercices qui vous semblent les plus faciles et les plus ludiques. Ce que vous devez faire, en revanche, dès maintenant, c'est oser lire ce chapitre sans sauter de paragraphe dès que les choses se corsent un peu ! Mais je ne serais pas surprise de constater que, très vite, vous serez tentée d'essayer ceci ou cela, et que vous vous enhardirez au point d'établir votre petit répertoire de scénarios préférés. Pourquoi ne pas donner à vous-même et à votre corps le bénéfice du doute en bousculant un peu, pour une fois, votre sempiternelle pudeur ? Un conseil : buvez une gorgée d'un excellent vin, détendez-vous et laissez-vous aller... Oubliez tous vos soucis pour ne vous concentrer que sur vous-même. Telle la divine Aphrodite, fuyez toute pudibonderie, ignorez vos inhibitions et agissez !

## Le petit salon d'Aphrodite

Votre déesse du sexe aura d'autant plus tendance à s'extérioriser et à jouer avec vous que vous lui préparerez un petit nid douillet, charmant et sensuel, pour l'accueillir et lui permettre de s'y sentir à l'aise et en sécurité.

C'est pourquoi, avant de commencer ces exercices, vous devez prendre le temps de créer un environnement propice. Coupez le téléphone et branchez votre répondeur. Fermez la porte d'entrée à double tour. Vérifiez que la pièce est bien chauffée et que vous avez quelque chose de bon à boire. Rassemblez toutes les affaires dont vous aurez envie et besoin – des huiles onctueuses, une serviette de toilette, un grand miroir, une petite glace à main, du parfum, du vin, des mets délicats, de la musique, de la lingerie, des costumes, des foulards, des tissus doux au toucher, des coussins, des livres et des photos érotiques, des films sexy et, éventuellement, quelques accessoires... Vous ne vous servirez pas de tout à chaque fois, mais ayez tout sous la main. Refaites votre lit et mettez-y des draps fins et moelleux. Arrangez des vases de fleurs ici ou là, allumez des bougies et des bâtons d'encens. Prenez la peine de créer une ambiance particulière, sensuelle et relaxante, pour vos rituels intimes. Le fait d'y consacrer du temps, de l'énergie et de l'imagination constituera déjà un intéressant préliminaire.

Rien ne vous empêche, par ailleurs, d'utiliser des pièces de lingeries à des fins décoratives en les plaçant « négligemment » au pied de votre lit. Cela peut être le cas de cette belle guêpière qui dormait dans vos tiroirs. Sortez vos longs colliers de perles des boîtes et laissez-les pendre sur un côté du miroir, tandis que sur l'autre vous aurez accroché par une bretelle une nuisette de soie arachnéenne. Sur le dossier de la chaise, posez des bas à baguette. Près de votre oreiller, laissez s'enrouler un boa de plumes et recouvrez votre lampe de chevet avec un foulard chamarré. vos longs gants du soir en satin se trouveraient bien, quant à eux, sur votre table de nuit, etc. « Habillée » de lingerie et de bijoux, votre chambre se transformera en palais de la sensualité et votre déesse intérieure ne demandera qu'à s'y installer – sans oublier qu'un tel décor rendra fou un partenaire.

## La beauté des seins

Aphrodite, comme toute déesse intelligente, savait très bien mettre en valeur ses charmes féminins. C'est pourquoi, dans les nombreuses représentations qu'on a d'elle, en sculpture comme en peinture, elle exhibe orgueilleusement ces attributs naturels si séduisants de la femme : ses seins. Qu'ils se dressent de manière provocante vers un homme en pleine excitation ou qu'ils manifestent leur exquise sensibilité à vos caresses ou à celles d'un amant, ces deux globes magnifiques marquent le point de départ idéal d'une séance d'auto-érotisme, car ils sont nerveusement et directement connectés au clitoris. Même si chaque femme éprouve des sensations différentes au niveau des seins et mamelons, il semblerait, si l'on en croit Masters et Johnson, érotologues rendus célèbres par leurs enquêtes scientifiques mémorables, que 1 % des femmes pourraient fort bien arriver jusqu'à l'orgasme en se caressant la poitrine. Pour toutes les autres, ce type de caresses permet de connaître des sensations hautement érotiques ; elles seraient notamment un déclencheur pour la libido et les liqueurs vaginales.

35. Commencez par des touches légères du bout des ongles et des doigts sur la peau délicate de vos flancs et de vos aisselles. Descendez ensuite sur le thorax et le ventre en formant des cercles. Puis, en effectuant des demi-cercles, remontez vers la poitrine. Généralement, votre température augmente parallèlement. Répétez ce parcours savoureux plusieurs fois en vous laissant bercer, pour ne pas dire hypnotiser, par les sensations alors éprouvées.

36. Servez-vous à présent de vos paumes pour caresser plus amplement vos seins. Accentuez légèrement la pression exercée. Occupez-vous d'un sein après l'autre ou, si vous préférez, mettez vos deux mains à contribution pour malaxer avec souplesse et douceur vos deux seins à la fois. Continuez ces mouvements circulaires même lorsque vos tétons se seront mis en érection. Accélérez le rythme, puis ralentissez, puis recommencez avec plus d'insistance. Essayez de prendre au creux de vos mains autant de chair que possible et faites se mouvoir vos seins délicatement sur leur base. Tirez-les de côté, pressez-les, jouez avec eux, écrasez-les avec amour, imaginez qu'un amant fabuleux les

étreint avec passion. Continuez jusqu'à ce qu'une merveilleuse chaleur irradie dans vos seins.

37. Un jour que je cherchais à tâtons sous le lit mon flacon d'huile parfumée, je découvris que mes seins étaient plus sensibles lorsqu'ils pendaient vers le bas. Je compris par la suite que c'était parce que le sang y affluait davantage dans cette position. Je vous conseille donc d'essayer vous-même de vous livrer à cette séance de caresses en vous penchant en avant. Au lieu d'être à plat et, en quelque sorte, compressés, vos seins retrouvent alors une certaine liberté de mouvement : profitez-en pour les secouer, leur donner de petites tapes ou secousses, les pousser ou les rapprocher. Massez-les enfin comme il est dit dans l'exercice 36.

38. Massez à présent le bout de vos seins. Pressez-les et roulez-les doucement sous le bout de vos doigts. Pincez-les légèrement puis tirez sur eux pour les relâcher ensuite en suivant un rythme tantôt lent et attentif, tantôt rapide.

Mon amie Carrie, une « crack » des ordinateurs, qui manque souvent de partenaire mais jamais de libido, me disait qu'elle adorait se saisir de ses tétons et de secouer l'ensemble des seins de cette manière. Vous pouvez toujours tester cette méthode !

39. Utilisez une de vos mains pour enserrer un sein, le tirer devant vous et vers le haut, comme le ferait un soutien-gorge à balconnets. Le bout du sein est automatiquement tendu vers l'extérieur : avec votre autre main, caressez, agacez et titillez-le. Mouillez aussi vos doigts et jouez avec lui. Passez et repassez dessus avec vicacité. Avec le bout de l'index, formez de petits cercles sur l'aréole. Donnez-lui des pichenettes avec le bout de vos doigts ou de vos ongles. Souvenez-vous que votre partenaire serait aux anges s'il pouvait assister à toutes ces manœuvres hyperexcitantes. Poursuivez les opérations jusqu'à ce que se fasse sentir le besoin impérieux de vous consacrer à la région pubienne.

40. J'ai retenu une scène particulièrement fascinante, extraite d'un film érotique : une femme parvenait à lécher le bout de ses seins, bien qu'elle ne possédât pas une poitrine particulièrement volumineuse. Elle les tirait vers sa bouche, elle se penchait en avant et c'était le *dessous* de sa langue qui entrait alors en action...

Fermez les yeux et imaginez les sensations que vous éprouveriez si la langue de votre amant « travaillait » ainsi le bout de vos seins !

41. Caressez cette fois vos seins avec un tissu de soie, de velours, un morceau de fourrure, des plumes ou même une étoffe plus rugueuse, comme de la laine ou du tissu éponge, ou encore une petite brosse douce.

42. Inscrivez le nom de votre amoureux ou tout autre mot d'amour sur votre poitrine en utilisant soit le bout de vos doigts, soit un vaporisateur de parfum, soit votre bâton de rouge à lèvre. Vos tétons serviront de point sur les *i* ou de jambage incurvé pour telle ou telle lettre.

43. Enfilez de longs gants de cuir et jouez de nouveau avec vos seins.

44. Une de mes amies m'a suggéré de titiller les tétons avec un cube de glace : « Mes tétons se redressent immédiatement, tout mouillés mais avec fierté ! » Son mari lui demande souvent de procéder à ce petit rituel charmant juste avant qu'il ne lèche avidement les gouttes d'eau ruisselantes. Torride, et humide !

45. Enduisez vos mamelons de miel ou de crème onctueuse, ou bien trempez-les dans du vin ; léchez-les ensuite... ou laissez-*le* vous lécher !

46. Vous pouvez également vous masser avec un baume pour sportifs, destiné à réchauffer les muscles en augmentant la circulation.

47. Un ami photographe me raconta un jour que les anciennes courtisanes n'hésitaient pas à maquiller en rouge leurs tétons. Commencez par bien exciter vos tétons avec des caresses : voyez comme d'eux-mêmes ils rougissent et se dressent. N'est-ce pas tentant ? Une touche de maquillage accentuera leur séduction.

48. Je connais une comptable que rien n'effraie et qui m'avoua un jour qu'elle emportait chez elle ses crayons afin d'en jouir dans son boudoir. Elle aime en effet agacer le bout de ses seins avec la petite gomme qui termine généralement ce genre d'instrument. Durant la journée, elle l'use et l'adoucit dans la perspective d'en tirer, le soir venu, une intense volupté.

49. Passez un joli soutien-gorge pigeonnant ou le haut d'un bikini, mais en rentrant le tissu de telle sorte que le bout de vos seins soient libres : cajolez-les longuement avant de les rentrer de nouveau dans le bonnet. À présent, faites l'inverse : remontez le soutien-gorge au-dessus de vos seins, le tissu et son armature les poussant vers le bas (position, on s'en souvient, impliquant un afflux sanguin supérieur et donc une sensibilité accrue).

Vous pouvez, évidemment, accomplir cet exercice en utilisant toutes les pièces de lingerie dont vous aurez envie – corset, body, teddy, guêpière, soutien-gorge découpé au niveau des tétons, etc. Une jeune puéricultrice que je connais me disait : « La soie glacée, les laçages compliqués et les dentelles de ma gaine préférée ont des effets merveilleux sur mes seins... surtout quand je porte tout cela sous mon uniforme ! »

50. Ornez vos doigts de bagues avant de procéder à tous ces délicieux rituels mammaires. Si vous les faites tourner vers l'intérieur de vos paumes, vos seins jouiront du contact froid des pierres et des métaux précieux au cours de vos caresses et massages.

51. Prenez à présent votre vibromasseur et mettez-le en marche pour caresser vos seins, vos mamelons, les aréoles,

soit avec le bout, soit avec le fût. Essayez tout : les allées et venues, les arrêts, les rotations, etc.

Brigitta, pâle beauté nordique qui connaît encore la passion avec son mari après vingt années de mariage, m'a avoué préférer utiliser un appareil suédois qui s'amarre sur le dos de la main. Une fois en place, elle laisse sa main et ses doigts, qui « vibrent » alors au rythme de l'engin, retomber sur sa poitrine. Les sensations seraient indescriptibles. Elles partage souvent ce moment avec son époux. (Pour plus de détails sur les vibromasseurs, voir les chapitres 9 et 10.)

52. Autre séance possible dans la salle de bains : laissez cette fois à la pomme de douche le soin de vous caresser les seins. J'ai beaucoup d'amies qui s'adonnent régulièrement à ce jeu – un de leurs favoris. Elles disent d'ailleurs que cela leur rappelle le temps de la préadolescence, lorsque après la classe, elles se rendaient sous la douche et qu'elles découvraient la sensualité à travers les jeux et les rires. Moi, j'ai plutôt le sentiment d'être une vahiné plongeant sous une cascade paradisiaque. À vous d'imaginer d'autres fantasmes aquatiques !

53. N'oubliez pas de vous regarder régulièrement dans le miroir tandis que vous vous livrez à la plupart de ces exercices. Ne négligez pas d'accentuer votre plaisir en regardant ces deux globes magnifiques. Cette contemplation de vous-même est essentielle et excitante pour vous comme pour votre partenaire.

## Les préliminaires intimes d'Aphrodite

Parce qu'elle est la déesse de l'amour, Aphrodite sait instinctivement que la fleur du désir est le clitoris. Cet endroit privilégié du corps féminin déteste une approche trop rude. Il lui faut être progressivement et délicatement réchauffé, sollicité, excité.

Les caresses sur vos seins auront probablement déjà eu pour effet d'accroître votre sensibilité clitoridienne ; aussi est-il préférable de procéder par touches délicates, douces et lentes lorsque vous abordez la zone du clitoris. À la vérité, nombreuses sont les femmes à qui il suffit d'effleurer leur clitoris pour parvenir à l'orgasme. En règle générale, il vaut mieux procéder par étapes et débuter par la zone pubienne environnante.

54. Commencez donc par des caresses sur les cuisses, les hanches, les fesses... En approchant de la zone génitale proprement dite, servez-vous d'un doigt seulement, ou de deux, pour masser doucement votre anus. (Il est évident que vous venez de vous livrer à vos ablutions !) Frottez légèrement le périnée (l'espace entre l'anus et la vulve) avec des allées et venues ou de petits mouvements circulaires. Tapotez légèrement pour faire affluer le sang. Concentrez-vous sur l'idée qu'il vous faut allumer un feu brûlant dans vos entrailles...

55. Beaucoup de femmes aiment saisir dans le creux d'une seule main leur mont de Vénus, qu'elles pressent et malaxent ensuite en formant des cercles, en tirant d'un côté et de l'autre ou d'avant en arrière. Palpez-le comme vous pétririez une boule de pâte à pain. Pensez à la façon dont votre amant appuierait son pelvis contre lui...

56. Tout en tenant dans vos mains votre pubis tel un fruit mûr, pressez vos grandes lèvres l'une contre l'autre. Caressez-les doucement sur toute leur longueur jusqu'à ce que d'elles-mêmes elles s'entrouvent pour laisser apparaître les petites lèvres, déjà humides et gonflées. Continuez ce va-et-vient langoureux en effectuant de temps en temps des incursions un peu plus bas, jusqu'au périnée.

57. Il se peut que vous trouviez particulièrement excitant de vous attarder sur votre périnée. Essayez donc de vous accroupir jambes écartées, pieds bien à plat. Tendez le pelvis en avant de telle sorte qu'il soit facilement accessible. Avec légèreté, effleurez et caressez l'intérieur de vos cuisses

puis plongez vers le périnée. Effleurez cette région si délicate avec le bout de vos ongles. Flattez-la avec une plume ou les poils d'un pinceau. Humectez un doigt et effectuez des caresses circulaires. Imaginez à quel point ce jeu peut être provocant pour un amant un peu voyeur (ils le sont tous) !

58. Mon amie Jenny, timide bibliothécaire flanquée d'un amoureux plutôt porté sur la « chose », me disait que lorsqu'elle était seule, elle adorait faire vibrer tout son pubis en le cramponnant fermement dans le creux de sa main. Elle suggère de laisser un doigt sur chaque grande lèvre et d'entraîner celles-ci dans le même mouvement vibratoire. Vous pouvez utiliser alors votre autre main pour stimuler votre périnée et/ou votre anus. Jenny affirme que c'est son fiancé qui lui a enseigné cette méthode !

59. Selon certains textes érotiques orientaux, les lèvres de la bouche féminine seraient directement reliées au clitoris. Lorsque vous massez votre pubis ou vos lèvres vaginales, essayez de vous mordre la lèvre supérieure ou de l'agacer avec les ongles de votre main restée libre, afin de communiquer à votre clitoris ces signaux d'excitation.

60. Si ce lien entre la bouche et le clitoris ne vous paraît pas flagrant, essayez de vous passer un *gloss* sur les lèvres (de la bouche) avant de les caresser avec le doigt. Glissez ce doigt doucement dans votre bouche...

61. Renversez-vous langoureusement sur un édredon et écartez les jambes. Posez votre paume sur votre pubis sans toucher au clitoris. Exercez une pression ferme et cependant légère et faites rouler la peau du pubis sur la symphyse pubienne en formant lentement de larges cercles. Par moments, relâchez la pression et attardez-vous sur votre mont de Vénus. Alternez les attouchements subtils et les empoignades plus fermes jusqu'à ce que vous ne puissiez plus retenir des soupirs de bien-être. C'est en observant ce genre de scène que les hommes ont fièrement « inventé » les

caresses dites préliminaires. Ne privez pas votre amoureux d'un tel spectacle.

62. Tandis que votre main étreint votre zone vaginale, effectuez des mouvements circulaires avec vos hanches. Ondulez comme un serpent, imitez les célèbres déhanchements d'Elvis Presley. Ayez la main légère, afin que vos mouvements ne soient pas entravés.

Une de mes amies adore jouer ainsi à la rock star. Elle commence généralement toute séance d'auto-érotisme en plaçant ainsi sa main sur son sexe. En vous essayant à cet exercice, vous pouvez parfaitement imaginer que vous prenez des leçons privées avec le King lui-même !

## Le bouton de rose est prêt à fleurir

Ce joli petit organe exclusivement destiné au plaisir a hérité son nom des anciens Grecs, compatriotes de la divine Aphrodite. Sages aussi bien en amour qu'en philosophie, ils comprirent que cette petite excroissance était la clef (en grec *kleis*) de l'orgasme féminin, d'où le terme *kleitoris*. De même qu'aucune clef n'est semblable à une autre, le clitoris de chaque femme est unique et réagit différemment de celui des autres ; chacun a ses préférences en matière de stimulation, et ces différences peuvent aller de l'absence totale d'attouchement direct à la pression légère de la paume, ou la sollicitation intensive d'un seul doigt. La sensibilité d'un même clitoris peut en outre varier selon les jours, les années, les humeurs, la condition physique ou la période du cycle. Le seul moyen d'accéder à la volupté est de demeurer réceptive aux réactions de votre propre corps.

Voici quelques suggestions qui vous aideront à tester l'état momentané de votre sensibilité clitoridienne et à mieux vous connaître.

63. Une bonne lubrification amplifie les sensations dans la zone vaginale tout entière. Aussi, avant toute caresse directe

sur le clitoris, assurez-vous que vos doigts ont été préalablement bien humectés par votre salive, vos sécrétions, un gel ou une huile onctueuse. Vous pouvez aussi vous servir de lait de toilette pour bébé, d'huile végétale ou de coco ou encore de crème de massage. L'huile d'olive est probablement un peu trop épaisse, mais celle de maïs ou de raisin peut très bien convenir ! Les crèmes ou huiles de massage parfumées ajoutent une dimension sensuelle ; les essences florales, le musc et l'ylang-ylang sont des excitants particulièrement puissants. Veillez simplement à ce que le produit utilisé ne contienne aucun alcool qui risquerait d'irriter les muqueuses. Évitez aussi la vaseline pure car elle part difficilement à l'eau, entraînant ensuite une gêne, voire une irritation au niveau du vagin ou de l'urètre.

C'est, bien sûr, à vous d'expérimenter différents produits afin de définir celui qui vous convient le mieux. Vos sécrétions sont évidemment idéales pour la lubrification car elles sont naturelles, efficaces et diablement sexy !

64. Vous préférez peut-être vous servir de votre main tout entière – poignet, paume et doigts ? Formez donc avec votre main une coupe dans laquelle vous enserrerez votre mont de Vénus en effleurant à peine le clitoris ; formez des cercles autour et sur cette zone. Puis, progressivement, pressez votre paume et l'intérieur du poignet contre votre bas-ventre tout en continuant à activer vos doigts. Explorez les sensations qui naissent de ces diverses pressions. Beaucoup de femmes estiment qu'un rythme soutenu de ces mouvements circulaires suffit souvent à leur donner du plaisir.

Rien ne vous empêche également d'imaginer que le pénis ou la main de votre amant se substitue à la vôtre...

65. La belle et désirable Karol, secrétaire de son état, préfère quant à elle ne pas exciter son clitoris directement. Comme elle, vous pouvez vous contenter de n'en exciter que la partie droite si vous êtes droitière et la partie gauche si vous êtes gauchère. Ne caressez les deux côtés que lorsque vous en éprouvez le besoin. Cette technique peut vous procurer des sensations tout à fait inédites et renouveler

votre sensibilité à cet endroit (l'alternance permet de « relancer ») l'excitation lorsqu'un côté est fatigué).

66. À vous d'expérimenter toutes sortes de caresses et de rythmes – petites touches légères comme des plumes, massage tendre, pression ferme, frottement intense, petites tapes délicates, rapides mouvements circulaires, lents va-et-vient, caresses lentes et prolongées en alternance avec des effleurements, des pincements, des vibrations, etc. Dès que vous avez trouvé le type de caresses qui vous met en feu ce jour-là, attardez-vous pour en épuiser toutes les ressources et en constater les effets sur les sécrétions vaginales qui deviennent alors plus abondantes.

67. Si cela vous convient, vous pouvez essayer de masser votre clitoris avec un seul doigt. Jouez avec lui en formant des cercles, en le sollicitant de part et d'autre, en le faisant rouler. Créez un mouvement vibratoire en appuyant fortement dessus. Présentez votre pubis comme pour aller à la rencontre de ce doigt magique qui pourrait appartenir à votre amant. Recommencez l'opération avec deux doigts. Si le désir devient insupportable, arrêtez tout momentanément pour ne caresser que vos cuisses et votre ventre.

68. Comme Bess, employée de banque d'une quarantaine d'années, il se peut que vous aimiez tenir votre clitoris entre le pouce et l'index. Roulez-le entre vos doigts et tirez dessus par petites saccades ; écrasez-le délicatement puis relâchez. Roulez-le de nouveau entre vos doigts. Essayez la même chose, mais cette fois avec deux autres doigts ou les doigts des deux mains. Bess conclut : « J'ai besoin de beaucoup de stimulations et cette façon directe de procéder me met dans tous mes états ! »

69. Contractez vos muscles pelviens rythmiquement tandis que vous caressez votre clitoris. Contractez également vos muscles autour de l'anus, puis relâchez. Ces exercices augmentent la sensibilité des terminaisons nerveuses du clitoris. Alternez-les (région pubienne et région anale) tout en

continuant à exciter votre clitoris. Essayez différents rythmes, en écoutant de la musique.

70. Je me suis souvent étonnée de voir certaines actrices de films érotiques se servir de leurs deux mains pour écarter leurs grandes lèvres vaginales avant de commencer à se masturber. On pourrait penser que cette démonstration est essentiellement destinée à satisfaire le voyeurisme d'un partenaire masculin... et celui de la caméra. Mais j'ai découvert que les femmes étaient beaucoup plus subtiles que cela ! Après tout, ce ne sont pas les hommes qui ont inventé ces gestes inhabituels et créatifs, mais les femmes et elles seules. Certes, ce genre de scène rend les hommes complètement fous, mais le plus important est qu'il permet aux femmes de se sentir très désirables. D'après mes expériences personnelles, je peux dire que se présenter ainsi « ouvre » en fait la voie à l'excitation du clitoris qui se trouve alors délicieusement exposé, tendu et « à disposition ». Essayez vous-même, puis commencez à stimuler votre « bouton de rose » de la façon que vous préférez. Imaginez que *vous* êtes une reine du porno, appétissante et experte !

71. Sara, diététicienne et mère de six enfants, affirme que dès qu'elle peut avoir un moment à elle, elle se donne du plaisir en caressant son sexe : elle commence par le haut du pubis et plonge jusqu'au clitoris qu'elle préfère survoler ou à peine effleurer. C'est son mari qui lui a fait découvrir les délices d'une telle exploration intime... Elle enduit ses doigts de ses propres sécrétions et excite son clitoris. Essayez et vous aimerez !

72. On apprend beaucoup de choses en regardant un homme jouer avec son sexe. Dans la mesure où le clitoris est très comparable au pénis, il vous sera facile d'adapter toute méthode de masturbation masculine à votre cas. Par exemple, essayez de tenir et de caresser votre clitoris de haut en bas comme il est d'usage sur le pénis. Ou bien, glissez votre doigt de sa base vers son sommet puis changez de main en n'effectuant que des caresses de bas en haut. Tout ce qui est bon pour *lui* peut l'être pour vous !

73. Tout en caressant votre clitoris, écrasez ou frottez les lèvres de votre vagin. Le fait de n'utiliser qu'une main permet de conserver un rythme régulier, mais vous pouvez préférer vous servir des deux mains pour effectuer des mouvements circulaires ou encore, tandis qu'une main agace et titille, l'autre compresse et masse plus en profondeur.

74. Tirez doucement sur les poils de votre toison pubienne tandis que vous titillez votre clitoris. Cette technique me rappelle toujours un amant merveilleux qui adorait faire cela pendant que son pénis venait caresser mon clitoris.

75. Tirez sur l'un de vos tétons au même rythme que vous caressez votre clitoris. Roulez-le en même temps entre vos doigts. Effectuez des massages circulaires sur les deux pendant que vos jambes s'ouvrent sur un fabuleux amant imaginaire...

76. Lors d'un stage sur la sexualité, la monitrice avait déclaré : « Toute stimulation clitoridienne efficace doit inclure l'urètre, qui fait partie de cette zone hautement sensible, source de plaisirs érotiques intenses. » La fois suivante, de nombreuses stagiaires, dont moi, confirmèrent que la pratique dépassait nettement la théorie ! Par conséquent, au nom de la science expérimentale, vous vous devez d'essayer par vous-même !

77. Si votre clitoris est suffisamment proéminent pour vous le permettre, excitez sa base avec un doigt tandis que d'un autre vous en agacerez, caresserez, frotterez, tapoterez le sommet ou le côté. Cette technique devrait faire grimper aux rideaux certaines d'entre nous !

78. Pendant que vous consacrez tous vos soins à votre clitoris, restez attentive à l'évolution des sensations. Au début, ayez la main légère avec votre tendre clitoris. L'excitation vous gagnant jusqu'à frôler l'orgasme, votre clitoris se gonflera et deviendra plus ferme, un peu à l'image du

pénis qui durcit sous l'effet du désir. Vous aurez alors envie d'une caresse plus appuyée ; aussi n'hésitez pas à exercer une pression plus intense, à effectuer des mouvements circulaires plus rapides, à susciter des vibrations plus envoûtantes. Collez votre pubis à votre main, arquez le dos et laissez-vous aller à tous les soupirs, gémissements et cris qui vous viendront naturellement.

79. Rosie, ronde et douce, cache un tempérament audacieux. En dépit du fait qu'elle raconte à qui veut l'entendre qu'elle a toujours pratiqué la masturbation solitaire depuis l'âge de cinq ans, elle affirme aussi : « J'adore caresser mon périnée des deux mains, du bout des doigts. Puis je remonte doucement vers les lèvres de mon sexe en les humectant au passage avec mes sécrétions intimes. J'atteins ensuite le clitoris que je titille, puis je redescends de nouveau sur le périnée. À chaque fois que je touche mon clitoris, je lui fais toutes sortes d'agaceries. Au bout de trois minutes, je n'en peux plus. Ça me rend dingue ! Un violent orgasme ébranle tout mon corps. »

80. Pendant l'excitation du clitoris, pensez à bien rentrer le ventre. Le fait de « pousser vers le bas » toute la région pelvienne a tendance à faire ressortir d'autant le clitoris, le rendant ainsi plus sensible. Certaines femmes accèdent ainsi rapidement à l'orgasme.

81. Enfilez un de vos jolis slips et caressez votre clitoris à travers le tissu. Tirez sur les deux côtés du slip afin que l'entrejambe ne soit plus qu'une mince lanière contre votre clitoris. Vous pouvez répéter cet exercice devant un miroir ou en duo...

82. J'ai adapté une technique empruntée aux textes érotiques orientaux et appelée la « tige de jade ». Aucune raison d'en priver votre « tige de rose ».

Prenez votre clitoris entre vos doigts et caressez-le en suivant votre propre rythme cardiaque. Puis, tirez-le rapidement de haut en bas et de bas en haut pour ensuite reprendre les caresses précédentes pendant environ dix secondes. Recommencez l'enchaînement une seconde fois. À la troisième fois, augmentez la rapidité des étirements avant de revenir aux caresses et ainsi de suite.

83. Votre bouton de rose est à présent gorgé de sang par l'excitation. Gardez-le entre vos doigts tout en massant l'extrémité à l'aide de votre paume. Si cela peut vous aider, imaginez le sexe de votre amant en pleine action.

## La volupté du vagin

Aphrodite n'était pas la seule à reconnaître et prôner les bienfaits de l'auto-érotisme. Depuis des temps immémoriaux, les médecins taoïstes et les initiés tantriques ont enseigné que pour posséder un corps et un esprit harmonieux et en bonne santé vous devez aimer votre sexe et l'énergie qui y réside. Si vous y parvenez vous développerez votre charisme, votre féminité, votre sexualité et enrichirez vos rapports avec votre partenaire amoureux.

Certaines femmes préfèrent explorer les ressources voluptueuses de leur vagin avant celles de leur clitoris, à cause de l'extrême sensibilité de ce dernier. D'autres estiment que débuter par le clitoris échauffe tellement les terminaisons nerveuses du vagin que celui-ci devient particulièrement réceptif au plaisir érotique. Mais quelle que soit votre préférence, il sera toujours délicieux d'exciter deux zones érogènes à la fois. Vous pouvez, d'ailleurs, soit effectuer ces exercices tandis que vous caressez votre clitoris, soit les accomplir seuls. Mélangez, testez, peu importe du moment que votre libido est satisfaite.

84. Caressez et massez toute la région de votre vagin. Faites courir vos doigts de haut en bas sur votre fente humide. Écartez les grandes lèvres. Certaines femmes estiment que les sensations sont alors amplifiées. Éprouvez et savourez ce sentiment de vulnérabilité que suggère votre position (ou plutôt, votre exposition !)

85. Plongez un doigt ou deux dans votre fente afin de les lubrifier. (Pensez à couper vos ongles court.) Pressez vers le haut du clitoris pour en explorer les points sensibles. Si vous refermez l'autre main, posée sur votre bas ventre, vous pourrez enserrer du même coup votre clitoris.

86. Faites pénétrer et sortir successivement un ou deux doigts dans votre vagin exactement comme le ferait un sexe masculin. Inclinez la main et bougez vos doigts à l'intérieur afin de bien explorer tous les angles, toutes les surfaces du canal vaginal. Écartez bien vos grandes lèvres. Accélérez. Ralentissez. Ne vous laissez aucun répit.

87. Une amie qui n'a pas froid aux yeux me racontait qu'elle aime par-dessus tout introduire juste un doigt sur environ cinq centimètres puis le recourber pour titiller l'entrée puis les profondeurs de son sexe : « Quelle torture délicieuse ! » soupire-t-elle.

88. Pendant les deux exercices précédents (86 et 87), utilisez le pouce de votre main en action pour frotter votre clitoris ou caresser vos grandes lèvres. Cette technique rappelle les sensations éprouvées lorsqu'un partenaire effectue des va-et-vient au cœur de ces chairs si sensibles.

89. Dans ma cuisine, alors que je faisais pénétrer de la farce dans un poulet, j'ai découvert un jour quel plaisir divin on pouvait éprouver à glisser son pouce quelque part ! Notamment dans ses propres orifices... et de faire se toucher les doigts des deux mains de part et d'autre de la paroi de son sexe... À essayer !

90. Lorsque votre sexe est humide de désir, sa sensibilité en est incroyablement accentuée. Le pouce peut remplacer le plus viril des pénis... Aussi pouvez-vous essayer de presser le bord de votre fente vers le bas tout en vous caressant (comme il vous plaira) le clitoris : tout simplement divin !

91. Plongez dans votre intimité avec deux ou trois doigts et effectuez des rotations internes comme si vous vouliez

creuser un puits ; ou bien écartez les doigts autant que cela est possible comme des ciseaux ouverts. Puis relâchez. Effectuez cet exercice plusieurs fois de suite.

92. Enfilez une bague ornée d'une belle pierre, puis introduisez votre doigt dans votre « jardin secret ». Les vedettes des films érotiques en ont fait une spécialité car elles savent que ce détail ajoute une note d'élégance et de beauté à la scène. Vous trouverez certainement cela superbe... et votre partenaire aussi.

93. Il est temps d'expérimenter différentes positions : à genoux, sur le ventre, en face d'un miroir, sur le dos, mais les pieds en haut du mur ou de la tête de lit, etc. Cette dernière attitude, ainsi que celle à genoux, les jambes bien écartées, ont le mérite d'exercer une tension sur les muscles pelviens et de sensibiliser la zone vaginale.

94. Lorsque son mari est absent, mon amie Karen aime se consoler avec des coussins aux formes complexes qui lui permettent de sentir contre son corps quelque chose qui ressemble à l'étreinte masculine.

95. Avec le plat de la main, essayez de tirer le pubis vers le nombril. En même temps, glissez les doigts de l'autre main le long de votre vulve. Faites appel à vos fantasmes favoris.

96. Écartez bien vos grandes lèvres et, avec le pouce, jouez avec les petites lèvres. Ce jeu réjouira également votre partenaire.

97. Mon amie Gail, brillante dessinatrice à la chevelure flamboyante, toujours entourée d'une nuée de soupirants et d'amants, m'a révélé une de ses « manœuvres » favorites. Elle introduit deux doigts dans son sexe en pressant son clitoris avec ceux de l'autre main. Puis elle frotte les doigts les uns contre les autres à travers la paroi de son sexe. Cet exercice est possible avec une seule main en introduisant

le médius et en gardant le pouce pour le clitoris. En tout cas, l'effet produit est absolument délicieux !

98. Ouvrez bien vos grandes lèvres avec le bout des doigts. Effectuez des mouvements rotatifs délicats en « pétrissant », en quelque sorte, ces pétales de fleur, puis descendez vers l'anus, l'intérieur des cuisses et enfin revenez vers le clitoris. Ne quittez pas la place tant que vous n'aurez pas succombé...

99. Une amie hawaïenne aime « nager avec les dauphins » quand elle se masturbe. Elle commence par poser sa main à plat sur son sexe. Puis son médius se fraye tout doucement un passage dans la fente de sa vulve tandis que sa paume ou son poignet exerce des pressions successives sur le sommet du pubis, ou de chaque côté. Puis elle entame avec sa main une série de mouvements ondoyants comme des vagues, à l'image des dauphins qui nagent.

Vous pouvez aussi laisser votre médius sur le clitoris, son extrémité plongeant dans le vagin, pour effectuer ces roulements, cercles et ondulations avec le reste de la main, exactement comme ces créatures féeriques des océans...

100. Tandis que votre doigt effectue des va-et-vient dans votre vagin, comme le ferait un sexe masculin, massez l'intérieur de vos cuisses, la peau tendre de votre ventre, de vos fesses ou de vos seins avec l'autre main. Tous ces tissus sont sensuellement reliés les uns aux autres et réagissent à la moindre caresse située sur un des points de votre carte du Tendre. Laissez-vous aller et profitez d'un moment de solitude pour redécouvrir ces zones érogènes : apprenez à vous aimer.

## Le « muscle d'amour »

Le muscle pelvien, que vous contractez parfois pour retenir un besoin trop pressant, est également fort utile lors de l'acte amoureux. Toutes les femmes peuvent l'utiliser lors de leurs ébats afin d'optimiser leurs performances et de mettre un peu de piquant dans leurs joutes amoureuses. Bien tonifié, ce muscle augmentera considérablement votre plaisir solitaire ou en duo. Votre amant sera subjugué par les sensations que vous pourrez lui procurer en contractant ce « muscle de l'amour » autour de son sexe. Puissant et efficace, le muscle en question permet d'agréables variations sensuelles : sa stimulation induit une meilleure lubrification, des sensations clitoridiennes plus intenses et des organes de meilleure qualité, plus fréquents, voire multiples.

Mais comment un tel miracle est-il possible ?

À deux ou trois centimètres sous la peau, le muscle pelvien relie l'os pubien à l'extrémité de la colonne vertébrale, agissant ainsi sur l'anus et tout l'appareil génital. Son épaisseur varie entre deux et cinq centimètres. C'est donc non seulement le « berceau » de tous vos organes génitaux, mais également du système nerveux vulvaire responsable de la sensibilité du clitoris, des lèvres vaginales et de l'anus.

Les stimuli identifiés par le système nerveux déclenchent des contractions de plaisir ; c'est l'orgasme.

Après chaque contraction du muscle pelvien, lors d'exercices ou d'un orgasme, le sang afflue dans le vagin et irrigue les tissus qui se gonflent tandis que les sécrétions deviennent plus abondantes. Certaines femmes éprouvent alors la sensation de « fondre » ou bien l'expriment de manière diffuse par un « je t'aime » exhalé dans un soupir ! En fait, hormis l'indéniable connection nerveuse entre les organes génitaux et le cerveau, il semble qu'il existe un lien extrasensoriel entre ce muscle dit « d'amour » et le cœur qui, activé, vous rend « toute chose »... et toute « chaude » !

Les aptitudes au plaisir, quasi miraculeuses, de ce muscle n'étaient pas ignorées des anciennes traditions orientales, notamment tantriques, où certains textes décrivent des femmes possédant une technique de *self-control* si élaborée qu'elles étaient capables d'attraper de petits objets et de les projeter avec la seule force de leurs muscles vaginaux ! Imaginez ce qu'elles pouvaient faire avec un sexe d'homme ! Mais la vraie beauté de cette dextérité peu commune est que ces femmes pouvaient pourvoir elles-mêmes à leur propre plaisir (qu'il soit vaginal ou clitoridien), sans aucun partenaire ni le moindre accessoire ! Belle performance... À laquelle nous pouvons également prétendre : il suffit de s'y exercer ! Et vous découvrirez rapidement les bienfaits que ces techniques ancestrales apportent à votre sexualité...

101. La méthode la plus facile et la plus efficace pour tonifier votre muscle pelvien (ou « vaginal ») est de le contracter à un rythme très rapide, une vingtaine de fois de suite – vous pouvez le faire n'importe où, n'importe quand, personne ne s'en apercevra. La sensation sera plus intense si, en même temps, vous concentrez votre attention sur votre clitoris ou l'ouverture de votre vagin. Cela vous permettra en tout cas de rester consciente des énergies et de l'excitation qui vous habitent. Certaines femmes affirment que ce seul exercice peut leur faire atteindre le septième ciel ! En tout cas, il sollicitera immédiatement l'attention de la séductrice qui sommeille en vous...

102. Lorsque l'on travaille les muscles en résistance, ils se développent plus rapidement et deviennent plus puissants. Introduisez un doigt, une carotte bien lavée (!!!) ou un godemiché dans votre sexe, contractez et tenez ainsi quelques secondes. Relâchez et recommencez. Après quoi, essayez de « serrer » tout en déplaçant l'objet introduit dans le vagin. Essayez de ressentir ce qui se passe lorsque au contraire vous décontractez votre muscle pelvien. Fermez les yeux, concentrez-vous sur votre sexe humide et laissez-vous envahir par cette merveilleuse sensation de chaleur qui monte en vous. C'est en ce lieu magique et intérieur que réside tout votre potentiel érotique : les plus grandes séductrices y puisent charisme et savoir-faire...

103. Voici un exercice tantrique qui vous rendra torride ! Vous aimerez probablement l'exécuter en musique, comme je le fais moi-même. Mettez-vous debout, les jambes écartées à l'aplomb des épaules, et commencez à effectuer quelques contractions du « muscle de l'amour ». Inspirez en contractant, expirez en relâchant. Laissez bien monter

la chaleur à l'intérieur de vos cuisses et de votre ventre. Bien plantée sur vos pieds, balancez à présent votre bassin d'avant (en inspirant et en contractant) en arrière (en expirant et en relâchant). Soyez langoureuse. La chaleur se propage dans vos reins. Commencez à effectuer des cercles avec votre bassin tout en maintenant l'enchaînement (contraction-relâchement). Imaginez que vous revenez au temps du hula-up ou que vous êtes une danseuse du ventre orientale ; balancez bien vos hanches, tendez en avant votre pubis et livrez-vous sans complexe à la « danse du sexe » ! Sentez comme la chaleur irradie de votre pubis tandis que vous gémissez de plaisir à chaque expiration-relaxation musculaire... Continuez d'onduler des hanches et de contracter votre muscle pelvien tout en imaginant que cette brûlante énergie remonte le long de votre corps, pénètre vos entrailles, votre poitrine, votre gorge, pour exploser sous votre crâne puis vous laisser pantelante d'extase. Revenez tout doucement sur terre...

104. Les anciens taoïstes chinois ont mis au point toute une série d'exercices de tonification des muscles vaginaux au moyen d'un œuf en pierre. Pendant longtemps, ces exercices n'étaient destinés qu'aux seules impératrices et concubines du palais, pour parfaire leurs compétences en matière d'amour auprès de leur seigneur et maître. Et ce fut certainement le cas. Mais ces femmes, fort sages, n'ignoraient pas que ces exercices leur ouvraient également les portes d'une jouissance solitaire, bénéfique à leur santé et gage de longévité. Si, comme ces royales et talentueuses épouses, vous souhaitez développer votre savoir-faire amoureux, entraînez-vous donc de même !

Choisissez un œuf en pierre ou en bois d'environ deux à trois centimètres de diamètre. Vous en trouverez dans maintes boutiques « new age » ou chez les vendeurs de cristaux. Prenez soin de bien le nettoyer à l'eau et au savon. N'effectuez cet exercice que dans la position debout, pieds écartés dans l'alignement des épaules, et une fois que vous vous serez bien échauffée par quelques caresses.

Introduisez l'œuf par le bout le plus gros dans votre vagin. Si vous n'êtes pas naturellement assez lubrifiée, employez un peu de votre lubrifiant habituel. Essayez à présent de maintenir en place cet œuf par les seules contractions des muscles situés à l'entrée du vagin. Au début, contentez-vous de bien « sentir » vos muscles internes se contracter autour de l'œuf. Avec la pratique, vous pourrez à la fois sentir l'œuf en vous et l'y faire se mouvoir.

Par la suite, vous serez capable d'appliquer une technique plus délicate : inspirez en contractant les muscles du fond du vagin puis commencez à faire monter et descendre, ou à se déplacer de droite à gauche, l'œuf dans votre vagin, au moyen des muscles médians. Cela demande de la pratique et de la dextérité, certes, mais le fabuleux contrôle que vous pouvez ainsi acquérir vaut bien ce petit effort. Garder l'œuf en soi est déjà une belle performance. Vous en éprouverez une telle sensualité, une telle impression de plénitude, que vous ne le regretterez pas ! Essayez différentes tailles d'œuf – plus ils sont volumineux, plus la sensation de plénitude est intense ; plus ils sont petits et mieux vous vous exercez à garder le contrôle. Avec un peu d'entraînement, vous pouvez, grâce aux seules contractions de vos muscles vaginaux, faire entrer l'œuf dans votre cavité et l'en éjecter. Cette technique, appliquée à un œuf, un doigt ou au sexe masculin, n'a de limite que votre propre imagination.

## Des fesses sublimes...

Aphrodite callipyge savait émouvoir les hommes grâce à ses formes généreuses. Elle avait compris que les fesses d'une femme ont le pouvoir d'enflammer la libido et de susciter le désir masculin. Mais nous savons toutes combien il est excitant de relever ses jupes pour mieux sentir le corps de notre amant pressé contre nos fesses ou de le laisser les caresser tandis qu'il nous lutine... Les surprises et les découvertes que nous réserve le corps d'Aphrodite sont innombrables, que ce soit grâce à nos mains, nos doigts ou nos fesses. Tout est bon pour celle qui veut être divine au lit !

105. Lors de vos jeux intimes et langoureux, passez la main sur vos fesses. Flattez leur peau soyeuse avec une grande légèreté et beaucoup de douceur ; continuez en exerçant une pression plus forte avec la paume et en malaxant délicatement les chairs ; agacez-les avec vos ongles, etc. Vous constaterez qu'elles sont particulièrement sensibles parce que rarement exposées à l'air et au soleil. Faites glisser sur votre cambrure l'étoffe rêche d'un étroit corset ou la soie tendre d'une combinaison... Touchez-vous avec un long gant de satin ou des mitaines de fourrure. Descendez le long du sillon qui sépare ses deux merveilleux globes de chair. Multipliez les plaisirs tactiles en vous titillant avec des glaçons, des plumes, une rose... Laissez-vous guider par l'inspiration du moment sans aucune modération...

106. Diane, une amie avocate, autrefois très collet-monté, m'a révélé qu'elle aime se frotter les fesses contre des draps frais lorsqu'elle se livre à des caresses solitaires. Elle place parfois aussi un oreiller entre ses hanches et le matelas afin de varier les sensations en surélevant son bassin ; ou bien encore, elle s'allonge sur une couverture en laine et se roule de plaisir sur le tissu chaud et un peu rugueux. Il lui arrive aussi de se tenir debout contre un mur et de s'y appuyer en effectuant des va-et-vient tandis que ses mains s'activent sur son sexe. Elle adore dénicher des textures différentes afin de trouver de nouvelles stimulations pour son fessier avide de volupté ! Elle s'adonne en tous lieux à ses plaisirs favoris, excitée par la nouveauté et l'insolite, utilisant les supports les plus divers : chaise en bois, hamac, tabouret tournant recouvert de tapisserie, bureaux, comptoirs de cuisine, sièges de toilette, baignoires sans eau, ou avec seulement un mince filet qui coule, tapis et moquettes, escaliers.

En toutes occasions : à la campagne, au bord de la mer, en forêt, etc.

L'aventure est également à votre portée... à vous de définir une nouvelle géographie du plaisir !

107. L'anus est un des points érotiques les plus sensibles du corps humain. Aussi n'ayez aucune honte à explorer les plaisirs qu'il recèle. Pensez seulement à bien le lubrifier.

Commencez par bien humecter votre index ; pressez ou massez toute la région et l'entrée de votre petit trou. Gardez votre esprit et votre corps concentrés sur cette sensation érotique en caressant simultanément vos seins ou votre sexe. Ces quelques préliminaires vous aideront à vous détendre. Rappelez-vous combien vos fesses sont belles et désirables. Respirez profondément et relâchez consciemment vos sphincters (muscles de l'anus). Ils laisseront doucement et lentement votre doigt pénétrer en vous. Continuez de masser avec tendresse. Gardez les va-et-vient pour le moment où vous serez plus détendue. Partez à la découverte de vos points sensibles en exerçant différents mouvements, pressions, localisation. Glissez le doigt contre la paroi qui sépare cet orifice de votre sexe, afin d'en avoir la sensation de « l'intérieur » : étonnant et délicieux...

108. Une sensation extraordinaire peut naître du massage – des deux côtés – de cette paroi qui sépare les canaux, vaginal et anal. Vous pouvez connaître cette joie en introduisant un doigt de chaque main dans chacun des orifices puis en massant cette membrane de séparation. La position sur le dos, jambes repliées sur la poitrine, est idéale. Une amie extrêmement inventive m'a confié qu'elle aime garder une main libre pour se caresser les seins ; il lui suffit d'utiliser le pouce et l'index d'une même main pour se livrer à cet exercice. Les possibilités sont multiples ! À vous de les explorer et d'en partager les charmes avec votre partenaire, qui ne pourra que craquer !

# 5

# LE MIROIR DE LA SENSUALITÉ

*La femme est la créatrice de l'univers, l'univers en est la forme... Quelle que soit la forme que prenne la femme, celle d'un homme ou d'une femme, cette forme est absolument parfaite. Dans la femme réside la forme de toute chose, de tout ce qui vit et bouge en ce monde. Aucun joyau ne surpasse la femme, aucune condition n'est supérieure à celle de la femme.*

Saktisangama Tantra.

Les prêtresses de la tradition tantrique, parfois appelées « yoginis », tiraient une grande fierté de leurs pouvoirs de séduction. Elles utilisaient leur sexualité pour briser des idées reçues et des croyances obsolètes. Elles étaient sages et sublimement attirantes. Intimement familiarisées avec les fonctions physiques et ésotériques de chaque partie de leur corps, elles adoptaient délibérément certaines postures et caressaient certains points spécifiques du corps pour libérer une énergie sensuelle. Elles connaissaient parfaitement leur corps resplendissant, qu'elles aimaient voir se refléter aussi bien dans une pièce d'eau ou dans un miroir que dans le regard d'un amant.

En plongeant dans ce fameux miroir de la transformation sensuelle des yoginis et en vous voyant comme une créature magnifique, faite pour l'amour, vous pourrez, vous aussi, vous libérer des diktats de la mode et des canons de beauté trop conventionnels ; vous deviendrez curieuse des endroits secrets et mystérieux de votre corps qui vous apparaîtront dans toute leur splendeur ; vous comprendrez enfin que « dans la femme réside la forme de toute chose ».

Si vous envisagez cette « exploration anatomique » comme une aventure des plus fascinantes, vous aurez probablement de très intéressantes révélations sur vous-même et sur votre sexualité... Révélations qui ne peuvent faire de vous qu'une amante exceptionnellement créative ! En fait, les experts de la sensualité, les adeptes du tantrisme comme les sexologues ou les thérapeutes actuels *recommandent tous* expressément de commencer par cette investigation du plaisir solitaire avant de passer à d'autres enseignements sur la sexualité. L'auto-érotisme représente une occasion d'évolution assez radicale. Évolution au terme de laquelle vous serez une irrésistible séductrice et une amante accomplie...

109. Installez une psyché dans une pièce tranquille ainsi qu'un miroir à main de bonnes proportions. Fermez la porte à clef et assurez-vous qu'on ne vous dérangera pas pendant une bonne heure et demie. Commencez par créer une ambiance douce et ouatée – car c'est vous-même, cette part sacrée et intime de vous, que vous allez essayer de séduire ! Plongez-vous dans un bon bain parfumé. Faites brûler quelques bougies et bâtons d'encens. Mettez de la musique. Coiffez-vous comme vous en avez envie et parfumez-vous tout le corps. Enfilez ensuite votre lingerie la plus sexy et regardez-vous dans la glace, fièrement campée, les poings sur les hanches, comme les yoginis savent le faire, ou bien aussi lascive que les call-girls de vos fantasmes ! Entamez à présent un joli strip-tease jusqu'à complète nudité, ou bien gardez seulement un string de perles, une petite chaîne autour de la taille ou une fleur dans les cheveux. Imaginez que vous faites tout cela pour votre amant. Exactement comme les servantes de Cléopâtre la baignaient dans des laits parfumés et la couvraient de bijoux somptueux avant que celle-ci ne rejoigne son amant, préparez-vous avec soin pour une fabuleuse nuit d'amour... avec vous-même ! Laissez-vous porter par le plaisir...

Rapprochez-vous du grand miroir (à vingt-cinq centimètres environ) et, assise ou debout, regardez-vous dans les yeux. Détendez-vous, respirez lentement et profondément, et imaginez que vos yeux deviennent doux et liquides : faites un plongeon dans votre âme.

Les adeptes du tantrisme recommandent cet exercice pendant cinq à dix minutes, et plus si vous le pouvez. Passez, en quelque sorte, la barrière du regard pour atteindre votre moi intérieur – cette personne profondément sensuelle, audacieuse, romantique, tendre et aimante que vous êtes profondément.

Commencez à présent à explorer votre corps avec vos mains. Détaillez chaque angle, chaque courbe – devant, derrière, de côté, debout, à genoux, assise, jambes écartées ou jointes, etc. Ne vous faites aucune critique. Si vous êtes tentée, imaginez aussitôt que vous appartenez à une autre planète où la culotte de cheval, par exemple, est le summum du sex-appeal ! Examinez-vous avec la glace à main et émerveillez-vous, complimentez-vous, flattez chaque carré de peau de votre si jolie personne. Beaucoup de femmes estiment que cet exercice a complètement changé la vision qu'elles avaient d'elles-mêmes. Admirez et caressez tout votre corps pendant au moins trois quarts d'heure, sans immédiatement vous occuper de votre sexe.

Maintenant, examinez avec amour votre pubis en vous servant aussi bien de la psyché que du petit miroir à main. Si vous possédez un miroir à maquillage (grossissant), amusez-vous avec. Observez les différentes teintes, formes et textures dont votre corps est composé à cet endroit précis. Portez votre attention sur chaque détail en le caressant tendrement. Notez d'abord la forme générale de votre pubis. Est-il placé haut et ferme ou bien plonge-t-il, comme une invite, vers la vulve ? Votre toison est-elle sombre et épaisse ou bien blonde et moussue ? Forme-t-elle un triangle parfait ? Une bande étalée ? Un demi-cercle ? Comment une personne fascinée par votre pubis le décrirait-elle ?

Faites descendre votre main sur cette toison soyeuse et caressez les grandes lèvres *(labia majora)* qui ferment la vulve. Prenez conscience de leur texture souple et charnue. Sont-elles gonflées, plates, longues, ourlées ? Leur couleur se rapproche-t-elle du brun ? du gris-rose ? de l'ambré ? Considérées comme l'équivalent du scrotum chez les hommes, ces grandes lèvres contiennent des glandes qui, une fois activées, produisent une fragrance qui stimule et attire chimiquement le sexe opposé. Incroyable, mais vrai ! Et très efficace...

En caressant cette fois vos petites lèvres intérieures *(labia minora)*, remarquez leur douceur et leur humidité. Elles aussi renferment des glandes qui sécrètent une « liqueur » lubrifiante. Osez humer ces odeurs intimes... Essayez de définir la taille, la forme et la texture de ces petites lèvres, si différentes d'une femme à l'autre. Certaines sont décrites comme des « feuilles de satin », d'autres auraient « la couleur du caviar » ou « la forme d'un napperon de dentelle ». Les vôtres vous rappellent-elles une fleur ? l'intérieur d'une pêche ? les plis d'un velours ? un mollusque ? un cœur ? le symbole du yin-yang ? Celle de gauche est-elle plus grande ou plus petite que celle de droite ? Demeurent-elles bien sagement cachées entre les deux grandes lèvres ou bien ressortent-elles un peu comme pour tenter le diable ? Notez bien le changement de consistance et de chaleur de vos lèvres, grandes et petites, lorsqu'elles sont titillées, qu'elles se gorgent de sang et se gonflent.

Passez à présent au clitoris, « la terrasse aux joyaux » comme on le nomme parfois en Orient. Faites courir vos doigts dessus. Bien qu'il soit apparenté au pénis masculin, ce petit organe est à la fois « intelligent » et unique – aucun organe comparable, dont la *seule* fonction est de stimuler et d'augmenter le plaisir érotique, n'existe chez l'homme. C'est le plus sensible de vos organes sexuels et, bien souvent, la *clef* (souvenez-vous de son étymologie) qui conduit à l'extase sensuelle, parce qu'il contient plus de terminaisons nerveuses qu'aucune autre partie de la vulve. Le clitoris renferme également des fibres microscopiques qui font de cet organe un extraordinaire récepteur de plaisir – ou de douleur, s'il est manipulé sans ménagement. Explorez toutes sortes de caresses et de montée du désir en procédant à des attouchements directs (doigt humide de préférence) ou indirects (à travers un tissu ou en le contournant). Comment se comporte-il ? À quoi ressemble-t-il ? Que ressentez-vous à ce moment-là ?

Tous les clitoris sont différents en taille (de un à trois centimètres), forme et caractère. On le décrit aussi bien comme « une petite goutte de rosée », « un bouton de rose serré et vibrant » que comme « une magnifique perle brillante ». Comment décririez-vous votre « diamant d'amour » ?

Un mythe de la création aborigène raconte que les sœurs Djanggawo possédaient des clitoris tellement longs qu'en marchant elles traçaient des sillons dans la terre ! Pour avoir accès à leur vagin, il fallait pousser ces clitoris impressionnants sur le côté et les faire reposer sur une cuisse.

On prétend que les femmes dont le clitoris se trouve à proximité de leur vagin ne peuvent connaître le plaisir que dans la copulation. Peut-être est-ce votre cas ?

... Massez et comprimez votre « bouton de rose » et essayez de sentir la petite excroissance qui roule dessous. En effet, le clitoris n'est pas composé uniquement de ce qui est visible en surface, mais possède des ramifications qui représentent environ 30 % de son système total. Il est donc stimulable depuis l'intérieur du vagin et c'est pourquoi il nous arrive parfois de ressentir des « fulgurances clitoridiennes » même au cours d'un rapport sexuel « normal ». Il se gorge de sang pendant l'excitation sexuelle (si vous le touchez alors, vous constaterez qu'il est devenu plus sensible, plus dur, comme « en érection ».) Il est musculairement relié à la fois aux os du pelvis qui entourent le vagin et à l'entrée du vagin lui-même. Au moment de l'excitation, les muscles se contractent et retiennent le flux sanguin dans le clitoris (d'où les réactions de ce dernier).

Essayez de solliciter vos grandes lèvres en observant dans un miroir les réactions de votre clitoris. Imaginez que votre homme vienne jouer avec...

Maintenant, caressez vos petites lèvres et notez comment votre sexe s'ouvre naturellement sous vos doigts. Approchez de cette entrée avec des gestes sacrés, comme le font les habitants de Sepik River, en Nouvelle-Guinée. Ils entrent dans leur maison et en sortent en rampant entre les jambes écartées de sculptures en bois de forme féminine. Glissez-vous avec vénération dans cette grotte mystérieuse pour en éprouver la chaleur et l'humidité, puis la texture de ses parois élastiques ainsi que les sensations engendrées par cette introspection minutieuse. Certains sexologues affirment que le premier tiers du canal vaginal est plus sensible au toucher parce que c'est là que sont principalement localisées les terminaisons nerveuses et que les deux autres tiers réagissent mieux à la pression et à l'extension. Beaucoup de femmes ne sont pas d'accord. À vous d'introduire vos doigts profondément et de vérifier quel type de sensation est la vôtre !

Ressentez la puissance de vos muscles pelviens contre vos doigts. Regardez dans le miroir comme ils se contractent. Imaginez ce qu'ils peuvent provoquer sur le sexe du mâle !... Explorez consciencieusement tout l'intérieur de votre vagin ; certaines de ses parois sont horizontales, d'autres verticales.

Il peut à l'infini se comprimer, s'élargir et s'adapter au passage d'un bébé ! Sentez de quelle manière cette grotte magique s'ouvre et s'agrandit au fur et à mesure que le désir monte en vous...

Dans la tradition quodoushka, équivalent cherokee du tantrisme, le vagin, sa profondeur et ses autres caractéristiques sont d'importants révélateurs du tempérament d'une femme. Harley Swiftdeer, dans son *Quodoushka Manual*, décrit cinq types anatomiques féminins, parmi lesquels la Femme qui danse et la Femme mouton. Avec un vagin de profondeur moyenne, de petites lèvres intérieures et un petit clitoris haut placé qui pointe son nez, la Femme qui danse préfère les hommes au pénis court et de bon diamètre (*tipili*, qui signifie « serpent sacré »). La Femme mouton, en revanche, possède un vagin profond, des grandes lèvres plus larges et plus épaisses et un clitoris installé plus bas et plus discret. Ses sécrétions sont aussi plus abondantes. Ce type de femme ne peut concevoir de faire l'amour que si le cœur est de la partie. Et vous ? Quelles sont les caractéristiques de votre « serpent à plumes » *(tupuli)*, comme disent les Cherokees ?

Votre vagin est la porte divine qui mène à tous vos secrets intérieurs ; c'est le « portique vermillon », comme on dit parfois en Orient, qui accueille l'amant de la façon la plus royale qui soit. Prenez-en grand soin, parfumez-le, car c'est le joujou de votre sensualité.

Il existe peu de choses aussi belles qu'une femme en proie au désir. Vérifiez-le en vous observant dans la glace et en prenant conscience de votre beauté : voyez comme vos lèvres sont joliment carminées, comme vos pupilles se sont dilatées et comme votre peau s'est subtilement colorée. Admirez vos seins gonflés, vos tétons tendus et durcis. Votre clitoris, lui aussi, s'est redressé, et vous le sentez pulser. Les lèvres de votre sexe sont trois fois plus volumineuses qu'avant et ont pris une teinte plus sombre qui tourne au lie-de-vin ou au rouge brillant. Vos muscles frémissent d'excitation. Votre corps *paraît* transformé, avec des *odeurs* et des *mouvements* différents. Votre image n'est-elle pas sublime, glorieuse, sensuelle, puissante ? Votre reflet vous apparaît radieux, délicat, sexy, gracieux, lumineux, magnifique, parfait et ravageur ! Alors, heureuse ?

110. Terminez cette séance en frôlant l'orgasme. Si vous réussissez à vous dominer *in extremis* environ trois fois ou plus en l'espace d'un quart d'heure, votre excitation connaîtra des sommets inconnus jusqu'alors. Laissez-vous aller au ravissement final en observant l'orgasme que vous vivez dans le miroir. Le nirvana n'est pas si loin... Laissez-vous planer encore un petit moment...

111. Une amie quadragénaire qui a osé faire une apparition dans une vidéo érotique me suggéra un jour cette savoureuse variante : effectuer tous les exercices exposés dans ce chapitre... devant une caméra vidéo ! Si vous n'en possédez pas, louez-en une. Visionner ensuite cette séance d'auto-érotisme ne peut que vous être bénéfique, sans parler des idées coquines qu'elle peut faire germer en vous... ou chez un éventuel partenaire !

# 6

# POINTS DIVINS ET NECTARS DE L'AMOUR

*La femme possède des organes sexuels un peu partout. Elle peut connaître le plaisir de tous les points de son corps.*

Luce Irigaray, *Ce sexe qui n'en est pas un.*

Question cruciale : le fameux point G existe-t-il ? Suffit-il de le stimuler pour déclencher l'orgasme divin et infaillible ? Toutes les femmes peuvent-elles connaître ce bonheur ? Serai-je capable de découvrir le mien ? Cet orgasme sera-t-il différent de tout ce que j'ai connu jusqu'alors ?

Inutile de faire durer le suspens : je réponds oui, absolument OUI ! D'instinct, et même sans vous en être jamais rendu compte, vous savez où il se situe. Vous pouvez, si vous le voulez vraiment, connaître des extases à ce jour inédites. c'est la CLEF des orgasmes les plus puissants.

Si les Anciens, Romains, Japonais, Chinois, Indiens tantriques et cultures indigènes, ont, à travers l'histoire, témoigné de leurs connaissances au sujet de ce point spécifique chez la femme, notre époque semble, au contraire, l'avoir totalement ignoré, et ce jusqu'en 1950. À cette époque, un gynécologue, du nom de Ernst Grafenberg, publia ses travaux sur le sujet. Sa « découverte » fit aussitôt sensation dans les milieux médicaux et scientifiques, mais n'atteignit guère le grand public. Trente ans plus tard, trois thérapeutes, psychologues et sexologues, développèrent les travaux de Grafenberg et donnèrent son nom à cette partie mystérieuse du corps féminin : le point G.

Une de mes amies préfère l'appeler son « bouton d'amour », tandis que, d'une manière beaucoup plus clinique, les centres de santé de la Fédération féministe américaine font référence à l'« éponge urétrale » ! Au Panamá, il est question de *bella loca* (jolie folle), ce qui est déjà plus poétique ! En ce qui me concerne, j'aime à parler du point « divin »... Quoi qu'il en soit, ce point est une vraie bénédiction.

De nombreux sexologues s'accordent à penser qu'apprendre à jouir en sollicitant ce point G serait la clef ultime et privilégiée pour connaître des orgasmes multiples. Le fait est qu'après avoir éprouvé l'extase, soit vaginale, soit clitoridienne, l'hypersensibilité de toute la région vulvaire ne nous permet pas de succomber à une nouvelle excitation. Cela dit, certains médecins et psychologues se demandent encore si les femmes ont des orgasmes vaginaux, clitoridiens ou un mélange des deux, ou si même l'orgasme exclusivement vaginal existe ! Il serait charitable de les informer que la femme éprouve *toutes sortes* d'orgasmes : clitoridiens, vaginaux et même mammaires ! La complexité du corps féminin tient à ce qu'il est réceptif à toutes les stimulations orgasmiques. Le point G est *particulièrement* sensible à la caresse érotique et peut procurer un orgasme complètement différent de ceux que vous avez jusqu'à présent connus. Pour certaines femmes, cet orgasme est beaucoup plus subtil et profond que les autres ; d'autres le qualifient d'électrique, nerveux et chavirant ! Il vous reste à découvrir les mystères du vôtre.

## Qu'est-ce que le point G et où se trouve-t-il ?

Qui n'a pas de savante théorie à avancer à ce propos ? ! Selon Grafenberg, le point G se situerait à l'intérieur du vagin et serait composé des glandes et des canaux para-urétraux, un réseau complexe de vaisseaux sanguins, de terminaisons nerveuses et de tissus entourant la vessie. La fonction apparente de ce réseau serait de se gonfler de sang pour faire tampon, lors de l'accouplement, entre la butée du pénis et votre urètre. Mais de nombreux médecins affirment, par ailleurs, que ce point G ne serait qu'un petit faisceau de terminaisons nerveuses et de vaisseaux sanguins niché au fond de votre vagin. D'autres prétendent que ce point correspond en fait à la totalité des tissus entourant l'ouverture de l'urètre ainsi qu'à ceux qui suivent le canal de la vessie et du vagin.

On comprend donc pourquoi de nombreuses femmes (et leurs compagnons) refusent de croire à l'existence de ce point. Comment le leur reprocher alors que tant de spécialistes n'arrivent pas à se mettre d'accord ? Certains disent que le point G se trouve à cinq centimètres de l'entrée du vagin, d'autres qu'il se situe en haut, contre l'os pelvien, d'autres encore qu'il est pratiquement au fond du vagin...

J'ai échafaudé ma propre théorie : il semblerait qu'il y ait de tendres terminaisons nerveuses qui soient associées à l'urètre, aussi bien à son embouchure que le long du canal de la vessie. Ce dernier, parallèle à celui du vagin, peut être stimulé à travers la paroi vaginale. Les nerfs afférents à l'urètre sont extrêmement sensibles en différents endroits de ce parcours, et la localisation exacte de ces points sensibles est *différente pour chaque femme*. En d'autres termes, chacune d'entre nous possède un point G – parfois même deux ou trois ! – qui sera unique, aussi bien en ce qui concerne l'aspect et la sensibilité que la localisation. Nous sommes toutes uniques...

Les médecins et les sexologues semblent tout de même s'accorder sur la fonction principale du point G : provoquer des extases exceptionnelles. Lorsque vous êtes ivre de plaisir, imaginez que vous le devenez encore davantage, sans retenue aucune, avec une intensité tellement incroyable, une sensibilité tellement exacerbée que vous sombrez pour la première fois dans un divin abandon. Voilà ce que vous apporte le point G. Appréciable...

Comment faire pour découvrir ce ou ces points ? Penser à cette autre fonction du point G : faire coussinet pour protéger, pendant les rapports intimes, l'urètre et la vessie. Lorsque vous êtes excitée, le point G se durcit et développe même parfois des contours bien définis qui permettent de le localiser.

Quelques conseils pour découvrir votre « point divin » :

- Mettez-vous en état de grande excitation.

• Tenez-vous assise ou accroupie. Il est impossible de repérer le point G dans la position allongée car vos organes abdominaux viennent appuyer sur votre vagin. (Souvenez-vous également de ce détail lorsque vous faites l'amour.)

• Avec un doigt, titillez la région de l'urètre (le méat urinaire) sans descendre vers le vagin. Éprouvez la sensibilité de cette zone... Comme moi, vous découvrirez peut-être alors l'un de vos points divins... Sinon, persévérez ! Et affinez vos recherches...

• Faites doucement pénétrer un doigt dans votre vagin. Guidée par votre instinct, exercez une pression vers le haut et inspectez le devant de la cavité vaginale. (On peut appuyer en même temps, avec l'autre main, sur le ventre pour faciliter la palpation.) Le canal de la vessie courant de l'autre côté de cette paroi frontale, attendez-vous à découvrir votre point G quelque part dans ce secteur.

Une amie me confia avoir situé son point G dès l'instant où elle sentit sous son doigt quelque chose qui ressemblait à « un clitoris hypersensible, comme inversé à l'intérieur du vagin ». Si vous éprouvez un léger choc « électrique », une envie pressante d'uriner, une petite excroissance un peu ferme ou une profonde émotion sensuelle, sachez que *vous y êtes* ! Si vous n'avez rien rencontré, pas d'impatience et continuez votre exploration. Il se peut que vous possédiez plusieurs points G !

• D'une manière assez générale, le point G se situe à un ou deux centimètres à l'intérieur du vagin. En imaginant que le fond du vagin se situe à midi, le point G se trouverait à 4 heures, ou 8 heures. Une femme m'a dit que le sien se trouvait à l'avant, un peu à droite du centre : « Lorsque je le touche ou que le sexe de mon partenaire le caresse, j'éprouve des sensations merveilleuses qui me font littéralement fondre de plaisir ! »

• Assurez-vous d'explorer avec soin la zone située au-dessus de l'os pubien. Lorsque vous pénétrez dans le vagin, vous rencontrez d'abord la glande de Skene. Puis vous sentez une masse compacte : l'os pubien (symphyse). Au-delà, les tissus deviennent plus tendres et conduisent au col de l'utérus. Revenez en arrière vers l'os pubien et promenez votre doigt là où vous sentez une petite cavité : c'est bien souvent là que les femmes découvrent leur point G. Sinon, prolongez la découverte !

- Votre doigt tâte tous les recoins de la paroi frontale du vagin. N'en épargnez aucun. Caressez, furetez, ne laissez rien au hasard. Plus profondément, presque au fond du vagin, il existe un autre point sensible pour beaucoup de femmes. C'est un endroit parfois difficile à atteindre avec le doigt. Il faut s'obstiner un peu ! Voire utiliser un godemiché. Rien ne vaut l'expérimentation.

- Vous pouvez très bien être dotée de plusieurs points G, certains étant plus étendus ou plus sensibles que d'autres. Une fois stimulé, un point G peut provoquer un orgasme immédiat, plus violent ou plus doux que ceux auxquels vous êtes habituée. Une de mes amies considère que les plaisirs offerts par son point G sont « soudains, intenses et explosifs » ; une autre : « Ça ressemble à une lame de fond brûlante qui pénètre toutes les fibres de mon corps. »

Personnellement, je ne jouis pas chaque fois que je caresse mon point G, mais, lorsqu'il me donne un orgasme, ce sont des pulsations tantôt lentes et profondes, tantôt incroyablement bouleversantes. Votre expérience sera fatalement différente de la mienne !

Diane a eu la « révélation » par hasard : « Je n'arrivais pas à le trouver toute seule. Un jour que je faisais l'amour avec mon partenaire allongé sur le côté derrière moi, son sexe vint buter contre un endroit qui me fit un effet délicieux. Le lendemain, je retrouvai le point sensible de la veille – une petite excroissance molle qui, caressée, me fit fondre comme du beurre. J'en parlai à Tom qui s'empressa de "rejouer" la même scène et, de fait, son pénis vint de nouveau réveiller cet endroit divin ! J'en tremblais des pieds à la tête ! J'étais dans un état indescriptible. Folle de désir, j'ai supplié Tom de me refaire l'amour encore et encore. Cette nuit-là, on n'a pas arrêté ! Inoubliable ! »

## Le nectar de l'amour

En caressant votre « point divin », vous pouvez provoquer la sécrétion d'une petite quantité d'un liquide clair issu de l'urètre qui, malgré les apparences, n'est pas de l'urine. C'est votre « nectar d'amour », glorifié par Xochiquetzal, la déesse maya de la beauté, de la sexualité et des fleurs... Parfois représentée par un papillon, Xochiquetzal symbolise la nature sacrée de l'ambroisie qui se transmute goutte à goutte, comme le papillon butine le nectar des fleurs, et l'amant le miel et la vulve de sa bien-aimée.

Que ce phénomène ne soit jamais un sujet de gêne pour vous ; c'est une charmante et minuscule « éjaculation » féminine qui signale un merveilleux orgasme.

L'éjaculation liée à la stimulation du point G est intimement dépendante de la tonicité du muscle qui contrôle le flux de l'urine : plus il est puissant, plus vous avez tendance à émettre du « nectar d'amour ». Certaines femmes affirment avoir une « éjaculation » chaque fois qu'elle font l'amour ; pour d'autres c'est plus rare, voir inexistant. Certaines ont observé que le processus paraît cyclique, peut-être influencé par les phases lunaires. Quelle que soit votre propre expérience, sachez qu'il n'y a rien d'étrange à tout cela.

Les sécrétions féminines au cours de l'acte d'amour ont toujours été reconnues et même recherchées pendant des siècles. Aristote en faisait déjà la remarque en son temps, tout comme, plus tard (IIe siècle de notre ère), le grand médecin grec Galien. Au XVIIe siècle, l'anatomiste hollandais Regnier de Graaf décrivait la « prostate et le sperme féminins » en détail. La tribu Barato d'Ouganda était connue pour une coutume appelée *kachapati* (qui signifie « arrose le mur »), au cours de laquelle les femmes d'âge mûr du village enseignaient aux jeunes filles comment « éjaculer ». Dans certains textes tantriques anciens et modernes, il est spécifié que l'acte sexuel a notamment la fonction ésotérique de provoquer l'évacuation des liquides féminins (les *rajas*). Les hommes se conformaient même à un rituel : celui de recueillir sur une feuille cette précieuse liqueur, de la mélanger à un bol d'eau, de l'offrir à la divinité tutélaire et d'y goûter eux-mêmes.

On a parfois décrit le goût de cette liqueur : douce, épicée, amère ou acidulée. La saveur varie avec chaque femme et doit être influencée par l'humeur du moment et la période du cycle. J'eus la chance de connaître un homme qui raffolait de cette saveur « douce et épicée » issue de mes orgasmes. Il adorait m'exciter rien que pour produire ce nectar dont il se repaissait avec délice, à même mon corps...

En conclusion, n'essayez jamais de retenir ces sécrétions d'amour ! Les plus mystiques y voient une incarnation du principe féminin divin, la source de toute vie et de tous les plaisirs, une fontaine intarissable d'élixirs magiques qui transforment le corps et l'esprit. Une vibration extatique qui se matérialise en ce doux nectar d'amour.

## La danse du plaisir suprême

À présent que vous êtes parvenue à situer votre point G, vous pouvez l'exploiter au cours de torrides séances d'auto-érotisme. Et peu à peu, vous devenez une reine du sexe...

112. Habituellement, il est préférable de n'utiliser le point G qu'après un premier orgasme, lorsqu'il est bien sensible et gonflé, donc plus facile à trouver et à stimuler. Procédez alors à des caresses, massages, titillements concentrés sur ce point. Vous pourrez vous permettre des attouchements plus appuyés que ceux que vous réservez au clitoris. La sensation que vous en aurez vous paraîtra plus intense. Abandonnez-vous à ces plaisirs, profitez-en au maximum. Vous pouvez vous contenter de l'extase apportée par le point G seul ou y associer le clitoris et les seins. Caressez-vous de la tête aux pieds en rêvant d'Antonio Banderas ! Un délire de premier ordre !

113. Le célèbre *Kāma-sūtra* (anciens textes érotiques de l'Inde) suggère de caresser votre point G avec le médius, considérant l'index comme trop « agressif » pour cette tâche délicate. D'ailleurs, le majeur est souvent le doigt le plus long de la main – ce qui permet de mieux atteindre le point G. Mais vous pouvez également utiliser un accessoire pour plus de facilité.

114. La position est importante. Sandy aime s'asseoir sur le rebord de sa baignoire, genoux écartés. Elle affirme que cette posture crée un angle suffisamment grand pour se livrer à toutes les fantaisies. Elle peut, en outre, y associer des jeux d'eau...

115. Mettez-vous à quatre pattes. Glissez vos doigts derrière la jambe et les fesses, et non pas en passant par l'entrejambe. Cette position, avec la plongée des doigts vers le bas, peut également favoriser un agréable fantasme de soumission et pimenter ainsi cette expérience.

116. Quelques conseils pour distiller un « nectar d'amour » plus abondant... Développez le tonus et le contrôle de votre muscle PC en vous livrant à des séances de contractions rapides (une centaine au moins) chaque jour pendant environ un mois ; puis, au cours d'une de vos séances d'auto-érotisme, offrez-vous plusieurs orgasmes, aussi bien clitoridiens que vaginaux. Stimulez à présent votre « point divin » avec vos doigts ou un accessoire. Si vous possédez un point sensible au niveau du méat urinaire, commencez par lui. Et voici l'ultime secret : « poussez » avec vos muscles vaginaux comme pour accoucher. Continuez à pousser tandis que vous caressez le point sensible. Jamais aucun orgasme ne vous aura si sublimement ébranlée...

David, un ami d'âge mûr, raconte : « J'avais excité ma femme à un endroit inhabituel en lui léchant le sexe, au point qu'elle connut trois orgasmes successifs. Puis je pénétrai deux doigts en elle et j'explorai la région du vagin juste après l'entrée. Elle commença à gémir, me suppliant de continuer, ce qui m'excita beaucoup. Soudain, son vagin se mit littéralement à “pomper” mes doigts, à les avaler. Je sentis alors une délicieuse “liqueur” envahir toute la cavité et couvrir ma main. Cela m’a rendu fou ! » Brillant exemple d’une méthode idéale !

7

# LES FANTASMES
# DES DEMOISELLES DES NUAGES

*Une personne marche dans la rue et aperçoit une autre personne qui l'attire ; alors, elle la déshabille par la pensée et se livre à toutes sortes de jeux érotiques avec elle, selon les fantasmes qui l'habitent. Le soir, dans son lit, des images oniriques et pornographiques viendront hanter ses rêves. Voilà ce qui se produit. Et cette activité est la plus naturelle qui soit.*

James Hillman, ancien directeur
de l'institut Jung de Zurich.

Fantasmer est aussi naturel que marcher, dormir et respirer. En fait, nous ne cessons jamais de fantasmer. Et pourquoi nous en priverions-nous ? Les images sensuelles et excitantes générées par le subconscient sont nécessaires à notre épanouissement. On en a souvent des frissons, des battements de cœur ou des émotions plus... secrètes ! Les fantasmes nous emportent vers des royaumes enchantés où règnent l'amour parfait et l'érotisme le plus débridé.

Toutes les structures mentales présidant à nos comportements, nos croyances, notre éthique, nos tabous, nos désirs et nos rêves se trouvent à la source même de ce que nous sommes réellement. Elles maintiennent la cohérence de notre personnalité et élaborent des archétypes sentimentaux qui nous sont propres. Ces images déterminent aussi ce que nous *serons*, si nous le désirons vraiment. Érotique, irrationnel et illimité, cet univers intime n'appartient qu'à nous – il échappe aux opinions et aux besoins d'autrui – et ne requiert la présence ou les bonnes grâces de personne. Notre imaginaire constitue une forteresse intérieure et un terrain de jeux intimes qui nous confère force, joie et liberté. Même si nous ne parvenons pas à nous épanouir totalement dans notre milieu professionnel, nos relations humaines ou nos rapports amoureux, les fantasmes sont là pour nous entraîner dans des contrées où tout est, par définition, parfait et délicieux.

Ces territoires érotiques interdits sont parcourus par les Demoiselles des Nuages qui flottent dans l'éther de notre imagination... Ces esprits divins et érotiques (qui sont supposés habiter une dimension parallèle à notre réalité) sont connus sous le nom d'*apsaras* chez les hindous et les bouddhistes, dont la mythologie met en scène nombre d'êtres sacrés du ciel et de la terre. À l'origine humaines, puis déesses, les Demoiselles des Nuages reçurent le don spécifique de combiner sensualité et divinité, sexualité et spiritualité, fantasme et réalité. Grâce à leur corps fluide, subtil et parfumé, elles peuvent posséder hommes et dieux en combinant sans effort sensualité physique et délires divins et sauvages. Des diadèmes magnifiques ceignent leur front. Ces déesses adorent pimenter les rapports sexuels de fantaisies coquines en transformant la sueur humaine en divine ambroisie, la solitude en jardin des délices peuplé de splendides Adonis, de cheikhs de légende, de jeunes étalons infatigables et de créatures, mâles, femelles, animales ou même extraterrestres, divinement sexy et tout dévoués à notre plaisir !

Les Demoiselles des Nuages, nos amies et compagnes de jeu, vivent dans la partie la moins inhibée, la moins censurée de notre esprit. Elles s'y ébattent librement, vivants reflets des images et des pensées les plus folles que notre mental puisse produire ; elles expriment nos désirs les plus intimes. Elles nous donnent la liberté de concocter les scénarios les plus débridés dont nous aimerions être l'héroïne – être pénétrée par un gigantesque étalon noir, faire l'amour à une autre femme, délirer dans un lit avec Björn Borg au beau milieu du court de Wimbledon tandis que des milliers de fans applaudissent ! ! ! Un abandon aussi divin qu'inconséquent.

Les fantasmes devraient être considérés comme un sixième sens dont la fonction est de vitaliser tous les autres en leur ouvrant les perspectives les plus diverses pour épanouir notre sexualité. Nancy Friday affirme dans *My Secret Garden* (Mon jardin secret) : « Le fantasme nous entraîne plus loin et plus vite dans la direction que notre inconscient, qui ne connaît pas les inhibitions, nous a déjà indiquée. » Votre imagination créative et érotique est ce sixième sens qui agit par intuition, interprétation et invention, donnant enfin la parole à ces choses presque irréelles que sont le romantisme, l'atmosphère, le mystère, l'excitation du danger, les délices interdits et le plaisir foudroyant. Les femmes sont des créatures énigmatiques, davantage stimulées par l'émotion que par l'action, plus séduites par le romantisme qui entoure le sexe que par la mécanique du sexe, plus sollicitées par l'imagination que par le concret, les formules et les réalités mathématiques. Nous ne vivons pleinement notre destinée sexuelle et affective que grâce à l'imaginaire. Tous les plaisirs de la chair peuvent être multipliés et sublimés grâce aux fantasmes. Dans cette atmosphère magique, tout peut arriver, selon vos vœux. Vous ne devez avoir honte de rien car ces rêveries éveillées reflètent votre personnalité sexuelle tout entière, complète, unique et normale, exempte de censure. Cette personnalité est rare, courageuse, précieuse et exquise. Rien n'est à rejeter... ni à révéler à qui que ce soit non plus ! Ce sont vos secrets, votre potion magique et de jouvence. C'est votre jardin secret où vous pouvez inventer, modifier, cacher, éliminer, répéter tout ce que vous voulez et en jouir à loisir. Ces « voyages » sont privés !

## Faire un bon voyage

Le jour où vous déciderez de vagabonder dans le monde de vos fantasmes, vous constaterez que votre vie sensuelle rayonnera d'une lumière différente. Les femmes qui laissent s'exprimer leurs Demoiselles des Nuages affirment qu'elles vivent des expériences sexuelles beaucoup plus intenses, plus extatiques, qui les comblent davantage que ce qu'elles n'auraient jamais imaginé. En fait, nombreuses sont les femmes qui ne peuvent atteindre l'orgasme que grâce à des fantasmes, sans aucune stimulation physique. La clef consiste à se laisser glisser dans les méandres de sa libido et de laisser les images affluer et vous conduire. Comment y parvenir ?

En suivant quelques principes simples :

- Ne vous imposez aucune limite. Peu d'entre nous auront une chance de faire un jour l'amour au beau milieu de la place de la Concorde, mais s'imaginer dans cette situation peut être extrêmement excitant et amusant ! Inutile, par conséquent, de vous traiter de perverse ou de nymphomane si votre fantasme est d'être bâillonnée, troussée et violée par deux douzaines de guerriers mongols ! Bien au contraire ! Profitez-en bien : réjouissez-vous d'être bafouée, torturée et mise à mal tout votre soûl... C'est une occasion inespérée d'explorer l'impossible et de vivre des instants mémorables – que vous vous voyiez en Vénus de Milo, en Irma la Douce, en serveuse de bar qui se jette sur tous les mâles, en jeune Anglaise flagellée par un précepteur impitoyable ou en femme des cavernes, en créature de *Star Wars* ou même en camionneur ! C'est sans retenue ni honte ni gêne que vous devez laisser libre cours à vos fantasmes. Surtout, ne jugez rien ni personne. Ne refoulez rien et ne vous sentez coupable de rien. Ces « voyages » privés demeurent extrêmement sains, normaux et légitimes.

• J'estime cependant qu'il est préférable de *ne pas* partager ces fantasmes avec votre conjoint. Cela pourrait l'effrayer, l'intimider ou le révolter. Pire encore, il pourrait vous critiquer ou se montrer moqueur. Et surtout, dès l'instant où vous saurez que quelqu'un est au courant de vos rêves secrets, vous ne vous sentirez plus aussi libre de vous y adonner. Alors, motus !

Les exceptions à ces règles sont les fantasmes que vous souhaitez vivre dans la réalité et pour lesquels vous vous sentez suffisamment sûre de vous et en sécurité. C'est ainsi qu'un jour, j'eus envie de réaliser un de mes fantasmes consistant à me rendre à l'opéra avec mon fiancé, tous deux en tenue de soirée, et de parvenir à faire l'amour debout dans un coin sombre alors que sur scène, le drame lyrique se déroulait. Cette élégance, ce côté furtif et le risque de se faire prendre, tout cela m'avait depuis longtemps excitée – ainsi que mon fiancé. Pendant des mois, nous en avions parlé en nous régalant à l'avance et ce sujet était même un de nos préliminaires favoris. Et ce soir-là, au milieu du premier acte, il m'emmena dans le vestibule du théâtre, me cala derrière le battant d'une porte et nous nous amusâmes ainsi jusqu'au moment où nous perçûmes des applaudissements. Nous rejoignîmes alors nos places d'un pas nonchalant après nous être rapidement rajustés. Ce fut fantastique ! Mais ce rêve-là étant réalisé, autrement dit, neutralisé, il me fallut en inventer un autre tout aussi corsé !

Livrez-vous à la joie de fantasmer chaque fois que l'occasion se présente – dans le train, sur la plage, en repassant du linge, pendant une conférence ennuyeuse, en préparant le dîner, avant de vous endormir, sous la douche, en avion, en vous rendant au bureau, et surtout en regardant et en caressant votre corps ou celui de l'être aimé. Fantasmez avant un rendez-vous galant, pendant que vous faites l'amour et pendant vos moments de plaisir individuel. Plus vous vous exercerez à ce « sport mental » et plus vous vibrerez de vie ; vous deviendrez une amante de plus en plus lascive et créative.

- Servez-vous d'accessoires. Donnez à vos fantasmes un zest de réalité grâce à quelques éléments tactiles – une fine écharpe pour un séjour en harem (en Égypte, je m'étais procuré une tenue de danseuse du ventre rien que dans cette intention !) ; une fourrure pour vos rêveries à propos de Catwoman ; un bout de corde et un bandeau pour les soirs de « viol » ; des bas noirs et un mini-tablier pour les fantasmes de petite servante accorte que l'on culbute parmi les victuailles ; des sandales en bois et de l'encens pour vos sessions « tantriques ». Vos châteaux en Espagne deviennent beaucoup plus palpables avec ces fragments de réalité !
- Laissez à vos visions érotiques leur propre langage. Dans ces délires, les hommes n'ont pas des « pénis », mais des « bites énormes » (ou toute autre expression à votre convenance) ; vous n'avez pas de « poitrine » ou des « parties génitales », mais des « nichons », un « cul », une « chatte humide », etc. Les beaux mâles qui hantent vos désirs ne vous demandent pas poliment si vous accepteriez de vous « unir » à eux, mais ils vous enjoignent, de gré ou de force, de « baiser » !

Pour beaucoup de femmes, ce vocabulaire très cru a le don de réveiller en elles de profonds instincts et de transformer leurs rêves de midinette en fantasmes ravageurs ! Les mots étrangers ont également un pouvoir d'excitation et d'exotisme qui donne de bons résultats (imaginez-vous dans les pâmoisons avec un comte italien ou un prince viking... « *My love, fuck me* », ou « *Liebling* », ou encore « *Chiavami, tesoro* » sont des passeports plus radicaux vers le plaisir que notre éculé « Je t'aime, ma chérie... » ! Murmurez-vous ces fortes paroles et sachez les savourer. Elles sont tellement évocatrices dans la pénombre... Elles nous font décoller du quotidien. Servez-vous-en pour pénétrer le monde brûlant des chefs-d'œuvre de la « dépravation » imaginaire, que diable !

## Retour aux sources

« Je me trouve dans la savane africaine en compagnie d'un sauvage. C'est mon amant. Nous nous roulons dans les hautes herbes et dans la boue comme des bêtes, puis nous allons nous rafraîchir à la rivière. Nous glissons dans l'eau verte sur le dos d'un alligator et, lorsque le monstre manque me dévorer, mon amant indigène me sauve *in extremis* en combattant l'alligator de ses beaux bras musclés. Il me montre dans tout le village. Moi, je suis perchée, toute nue, sur le dos d'un énorme éléphant à la peau toute ridée. Il m'enferme dans sa case et il s'enroule dans une longue robe blanche, au point que je ne vois plus que ses yeux qui détaillent mon corps nu. Puis il relève son vêtement et je peux toucher son corps dur et brûlant. Je m'agenouille et le prends dans ma bouche. Il caresse mes cheveux. Sous le tissu, son corps dégage une chaleur encore plus torride que ce soleil africain qui grille tout au dehors. Il éjacule sur ma poitrine et je peux sentir son odeur. Doucement, nous nous allongeons sur la natte, et il commence à me prendre par-derrière en me mordant la nuque et en poussant de petits grognements comme le font certains animaux sauvages. Son sexe long et volumineux s'enfonce profondément en moi et bientôt je gémis sous ses coups de boutoir en laissant monter l'orgasme. Mais il me laisse au bord du plaisir pour me reprendre ensuite. Cette douce torture dure des heures et des heures. Finalement, il me possède en plongeant en moi au point de me faire crier tandis que d'une main il joue avec mon clitoris et que de l'autre il a empoigné un de mes seins. Il pousse un grondement semblable à celui d'un tigre – et moi je ne peux retenir un cri d'extase, ou d'agonie, tant mon corps est rompu. Plus tard, il me baigne et me caresse longuement sous les perles d'une cascade paradisiaque. Nous nous reposons ensemble sur la berge. Au loin, on entend le rire des hyènes... »

« Une nuit, alors que je danse dans une superbe robe moulante, rouge sang, je suis enlevée par trois hommes qui me mettent un bandeau sur les yeux, un autre sur la bouche et m'embarquent dans le coffre d'une voiture. Quelques jours plus tard, je m'éveille du coma dans lequel m'a plongée la drogue qu'ils m'ont inoculée. Où suis-je ? Dans un entrepôt attenant à un marché aux esclaves ! Je suis vêtue d'une robe qui me cache complètement des pieds à la tête. On ne peut voir que mes yeux. J'entends alors le marchand crier : "La vente démarrera à un million de roupies. C'est un spécimen exceptionnel. Elle est superbe." Il entre, me pousse dans une sorte d'arène et ôte tous mes voiles. Me voilà nue devant une foule rassemblée et excitée qui émet un sifflement d'approbation. Plusieurs amateurs en tenue orientale et turban viennent palper mes seins et mes fesses pour s'assurer de la qualité de la marchandise. J'entends des réflexions du genre : "Des seins magnifiques !" ou encore "Des seins pareils, je mordrais bien dedans !" Un homme vient même exciter mon clitoris pour voir ma réaction et, parce qu'il doit certainement être un bon client, le marchand le laisse m'introduire un long doigt effilé dans mon sexe. Il se livre à quelques va-et-vient en ne me quittant pas des yeux. Je me sens à la fois humiliée et révoltée, mais cet homme sait y faire : mon corps répond pour moi. Je dois exprimer malgré moi une belle excitation car tous les hommes réunis auprès de l'estrade ont de fortes érections que je vois pointer sous leur robe. Ne pouvant y résister et peut-être aussi pour faire monter les enchères (au nom de quelle provocation désespérée ?), je laisse mes hanches commencer à se balancer, mes tétons se dresser et mes mains descendre caresser mon pubis. Je plonge mes regards dans ceux de cet homme audacieux et passe ma langue lascivement sur mes lèvres. Je tends mes doigts humides à l'homme et les enfonce dans sa bouche. Il les suce frénétiquement et sort sa verge pour se masturber. Tous les hommes présents lui emboîtent le pas. J'ai alors cette vision apocalyptique de membres sombres et imposants sortant par douzaines des robes claires. Une espèce de folie érotique et masturbatoire s'est emparée de la foule des acheteurs. La seule idée que je produis un tel effet sur tous ces mâles en chaleur me met moi-même dans un état effrayant et j'ondule de plus belle, me caressant moi-même malgré les allées et venues des doigts de l'homme au turban bleu. Puis, toutes ces verges éjaculent dans ma direction, couvrant de sperme mon corps vibrant de désir. Mais l'homme qui me travaille ne jouit pas. Il retire son doigt, monte sur l'estrade et enfonce son superbe membre profondément en moi. Il s'active avec force, violence, devant la foule. J'ai des hoquets de plaisirs, des secousses “électriques” et je ne peux plus respirer. Ces spasmes incontrôlables en disent long sur la jouissance que cet homme, venu du fond du désert, a su créer en moi. Je le choisis, en quelque sorte, comme mon seigneur et maître. Il m'entraîne dans sa tente où je le supplie de me baiser encore... »

Voilà deux exemples de ce que vous pouvez imaginer comme scénario pour vos soirées de plaisir solitaire ! Beaucoup d'entre nous n'ont pas besoin de tribulations aussi compliquées, mais cela vous donne une idée de la liberté inconditionnelle qui est désormais la vôtre. Certaines femmes se contentent de rêver de leur voisin de palier sans ses chaussettes et des caresses qu'elles comptent bien lui réserver alors ! D'autres rêvent tout simplement de s'enduire entièrement le corps d'une huile parfumée et de se vautrer ainsi dans tous les sens sur le corps de leur amoureux. Tout est bien, tout est intéressant, du moment que cela vous fait plaisir ! Et vous pouvez même vous permettre d'extrapoler sur des êtres à peine vraisemblables, des mâles avec des sexes bizarres, des accouplements inédits, des lieux inimaginables, etc. Tout ce que vous voyez, lisez, entendez ou expérimentez peut servir à échafauder des visions voluptueuses. Vous verrez, vous n'avez pas fini de vous étonner ! Ne vous censurez jamais sur le « matériel » onirique employé, et ne vous offusquez de rien. Ayez une vision érotique de la vie ! Et lorsque vous tombez sur une image ou une scène sensuelle, notez-la dans un coin de votre mémoire, associez-la ensuite à des gens, des endroits et des événements réels ou imaginaires. Combinez, construisez, amusez-vous : tout cela vous appartient ! Laissez votre imagination explorer de nouveaux territoires. Passez en revue votre merveilleux catalogue des plaisirs désormais à votre disposition. Des réserves pour l'hiver, en quelque sorte !

117. Appliquez-vous à vous remémorer un homme, une situation ou une nuit époustouflante qui éveille en vous d'agréables sensations. Savourez mentalement les bruits, les parfums et les contacts qui s'y rapportent. Embellissez chaque détail. Laissez le phénomène se développer dans votre imagination jusqu'au plaisir final. Un exemple : « J'ai connu un garçon délicieux à la peau dorée comme un pain chaud et croustillant. J'en sens encore l'odeur douce et tiède, et cela me transporte. Chaque fois que je désire me “chauffer”, je n'ai qu'à penser à ce parfum musqué et à cette peau fabuleuse contre la mienne. Je m'imagine même parfois nager au milieu de ces senteurs qui déferlent sur moi ; je m'en remplis les narines, la bouche et tous les pores de ma peau. Je sens alors mon sexe se remplir d'un suc onctueux et d'un plaisir ineffable. » Ou bien encore : « Mon fiancé adorait m'emmener sur sa moto et foncer à toute allure sous le clair de lune. Je sens encore les vibrations de cet engin de métal dans toutes les fibres de mon corps ; je me souviens aussi des fesses de ce garçon, calées contre mon sexe et des sensations merveilleuses que ce contact me communiquait. J'en tremble encore aujourd'hui ! Ce souvenir est toujours très efficace... »

118. Lisez des romans érotiques. Identifiez-vous aux personnages de votre choix, et laissez-vous entraîner dans les situations les plus scabreuses. Beaucoup de romans des XVIIIe et XIXe siècles qualifiés de « légers » sont d'une lecture très évocatrice – les timides servantes se dévergondent parfois pour devenir des dominatrices impitoyables qui font empaler toutes les autres femmes du manoir ! Ou bien, osez vous identifier au sexe opposé. « Les livres d'Henry Miller me donnent des émois à peine croyables », me disait une amie. « J'adore passer les vêtements de mon mari – quand il est absent, bien entendu – et me prendre pour un de ces héros sans vergogne à la Miller, qui n'arrêtent pas de parler de sexe. Je me vois alors très bien en train de trousser et de fourrager toutes les filles qui passent à ma portée. C'est amusant de passer de l'autre côté du miroir, histoire de changer un peu. Non ? »

119. Feuilletez des magazines de charme... Certaines mises en scène sont très fantasmatiques. Ayez également la curiosité de lire le courrier des lecteurs. Fort instructif (et déculpabilisant) ! Un homme avait ainsi écrit qu'il aimait épier secrètement sa femme lorsqu'elle le trompait avec d'autres... Cette histoire a embrasé ma libido pendant longtemps, et j'ai pris souvent plaisir à me rejouer secrètement quelques scénarios sur le même thème... Bien sûr, je n'aurais jamais osé en faire le quart dans la réalité, mais c'était si bon en solo !

120. Allez marcher dans la nature. Laissez-vous pénétrer par les odeurs d'humus et de mousse de la forêt en automne et ramenez ces parfums enivrants chez vous. Gardez bien à l'esprit les images romantiques qu'elles suggèrent. Laissez-vous porter par la magie des lieux et laissez encore votre imagination s'exprimer et servir comme il se doit votre tempérament de feu !

121. Devenez une autre femme – un personnage vrai ou imaginaire. Je nourris les fantasmes de diverses personnalités, selon les circonstances, pour mon plus grand plaisir. Je me vois en Salomé, dont j'ai entendu dire qu'elle n'avait

aucun complexe à se caresser devant tout le monde après avoir effectué la fameuse danse des sept voiles. Je m'imagine que je suis quelqu'un comme Xaviera Hollander, célèbre pour ses écrits provocateurs ; j'ai ainsi le sentiment d'être sexuellement plus audacieuse ! Et, quand je m'ennuie, je m'invente une scène où je suis l'héroïne d'une chanson des Rolling Stones : l'histoire d'une fille délurée qui sait faire jouir de toutes les manières possibles les stars du rock !

122. Lorsqu'il vous arrive de croiser un très bel homme, imaginez-le dans le plus simple appareil ! Comment est son sexe ? De quelle teinte sont les poils de son pubis ? Est-il tatoué ou percé à des endroits intimes ? Le voyez-vous en train de vous raser la toison ? Quel goût a sa bouche lorsque sa langue cherche celle de sa maîtresse ? Vous préférerait-il en coton blanc virginal, en dentelle rouge ou en cuir noir ? Pousse-t-il des cris lorsqu'il jouit ? A-t-il le bout des seins réceptifs aux caresses ? Quelles caresses et quelles positions préfère-t-il ? Lors d'une prochaine séance en solitaire, imaginez-le s'activant rien que pour vous...

123. Feuilletez des manuels de sexologie. Inspirez-vous-en et mettez, autant que cela vous est possible, certaines des informations suggérées en pratique – faites-vous fouetter par votre amant, invitez une troisième personne à participer à vos jeux érotiques –, mais surtout, fantasmez autant que vous voudrez sur toutes ces situations. Une femme m'a raconté : « J'ai toujours été fascinée par les miroirs, qui, disposés au plafond d'une chambre, permettent au couple de se voir en train de faire l'amour. Mais cela me gêne d'en parler à mon mari. Aussi m'arrive-t-il souvent, seule ou avec lui, d'imaginer que je peux le voir en train de me donner de grands coups de rein. Ça m'excite à un point ! »

124. Soyez attentive à tous les incidents insolites ou inattendus de la vie quotidienne. Vous pouvez les transformer en éléments érotiques propres à enrichir votre mythologie personnelle : un faux numéro, une erreur dans l'adresse d'un courrier, un échange de billet, des malentendus sur un mot ou un nom, un article de journal inhabituel, etc.

Tout peut alimenter votre fantasme. Pendant un moment, on m'a confondue au téléphone avec une certaine Natasha. Un jour, un homme désappointé me révéla que cette Natasha était une dominatrice, qu'il avait toujours fait ce numéro pour la joindre et que peut-être j'accepterais d'être payée pour le « punir » au lieu de m'en tenir à un simple : « Non, vous vous trompez de numéro », pas assez sévère à son goût ! Bien sûr, je raccrochai et fis changer ma ligne, mais je m'étais tout de même beaucoup amusée en imaginant un rendez-vous avec cet homme : j'aurais enfilé des cuissardes, utilisé des chaînes, j'aurais employé un langage de maîtresse d'école et j'aurais sévi à coups de lanières de cuir ! Hmmm !...

125. Laissez la musique susciter des images érotiques. Il est évident que la musique brésilienne ou le reggae invitent à une lascivité torride. Le rock a le don de réveiller des instincts « primitifs »... Les sonates de l'époque baroque ou les accents d'une guitare mélancolique et passionnée vous rendront galante et subtile. « Je ne fantasme pas tant sur les gens ou les circonstances, m'a déclaré Carol, que sur les sentiments. Un morceau de musique, un instrument ou une ligne mélodique suffisent à concentrer mes sentiments, mes impressions, mes sensations en un faisceau intense et vibrant qui me vrille littéralement le corps. J'ai chaud, puis j'ai froid, les vibrations prennent possession de mes mains, mes seins, mon sexe. La musique intensifie tout ce que je fais alors : si je caresse mon clitoris, j'ai tout de suite un orgasme. »

126. La publicité est une autre source d'inspiration. Imaginez que vous séduisez le beau mec des jeans Levi's ou l'Égoïste de Chanel... Et, tout à coup, le voisin de palier (un bel Italien) vient frapper à votre porte pour demander s'il ne vous resterait pas un peu de café... Il veut du café ? Vraiment ? Vous l'invitez à entrer et, tandis que vous fouillez dans les placards, il se glisse derrière vous, vous coince contre la table, relève votre robe et vous pénètre jusqu'à ce que vous vous évanouissiez de bonheur. Lait ou sucre ?

127. Vos rêves peuvent enrichir vos scénarios. Ce sont des messages du subconscient ; ils sont la clef de nos désirs et de nos peurs « refoulés », et il est très sain de les explorer. J'ai un soir rêvé de mon patron... Dans la vie normale, c'est un homme que j'aime et que je respecte beaucoup, mais aucune affinité d'ordre sexuel ne semble particulièrement passer entre nous. Mais au cours de cette nuit en cinémascope, je l'ai vu comme un don Juan suave et sexy, qui aussitôt m'a enflammée. Alors qu'en réalité je réfrénais toute idée de séduction avec cet homme, dans mon rêve je prenais plaisir à m'offrir à lui ! Pendant plusieurs mois, j'en ai éprouvé un vague et délicieux sentiment de « traîtrise » en me rendant au bureau !

Vous pouvez également « programmer » vos rêves. Il suffit souvent de s'endormir, plusieurs soirs d'affilée, en pensant à votre scénario préféré, pour qu'il entre en action dans votre sommeil... et vous laisse enchantée au petit matin...

128. Endossez des rôles de pure composition :

– vous êtes reporter sportive et dans le vestiaire des joueurs de football vous n'y tenez plus : vous jetez vos vêtements à la volée et vous vous offrez à l'équipe des vainqueurs en délire ;

– vous êtes adolescente et vous allez à votre premier rendez-vous. Vous vous préparez pendant des heures. Vous laissez votre amoureux caresser la pointe de vos seins et frémir contre vous de désir ;

– vous êtes une fille de harem couverte de bijoux, baignée, parfumée et cajolée par des centaines d'autres filles toutes plus ravissantes les unes que les autres. Mais le sultan vous a choisie pour la nuit et vous savez que vous devrez obéir à ses ordres les plus cruels et délicieux...

– vous êtes une vedette de film érotique et vous allez forniquer avec des couples superbes dans toutes les postures possibles et imaginables. Trois hommes et deux femmes vous assaillent de toutes parts tandis que plusieurs caméras vous filment sous toutes les coutures ;

– vous êtes une jeune servante du XIXᵉ siècle, que le

maître de maison doit châtier régulièrement. Il exerce également sans modération son droit de cuissage...

– vous vous appelez Jane, et lui Tarzan !

– vous êtes une Tantrica alanguie dans un jardin embaumé, au cœur de l'Orient fabuleux. Un dieu à douze bras investit votre corps de milles caresses et vous fait vivre une sexualité transcendentale ;

– vous êtes au bureau. Un collègue plonge sous la table de conférence et ouvre vos cuisses ;

– vous êtes lady Godiva, cette dame de renom qui dut, sur un vœu, se résoudre à traverser son village, entièrement nue, sur un cheval. Seules ses longues tresses couvraient pudiquement ses charmes voluptueux ;

– vous êtes une souveraine despotique qui exige que ses vassaux lui témoignent leur allégeance de mille façons très coquines...

– vous êtes une passionnée du casino de Monte-Carlo. Un prince italien de passage vous remarque et vous convie sur son yacht pour une soirée extrêmement privée et dévergondée sous les étoiles ;

– vous êtes serveuse dans un élégant restaurant. Il vous arrive de descendre dans les toilettes des messieurs pour vous livrer à toutes les turpitudes avec les clients qui se trouvent là, quel que soit leur nombre, etc.

## Les visions des Demoiselles des Nuages

Si la plupart des fantasmes ne servent qu'à vous amuser, d'autres demandent à se manifester dans la réalité. La puissance de ces images permet quelquefois d'influencer la vie réelle. C'est comme un rituel de magie blanche : vous parvenez soudain à une concrétisation de vos fantasmes dans la réalité, avec la personne sur laquelle vous aviez jeté votre dévolu. C'est le désir physique et sa charge émotionnelle qui permettent ce tour de force. Ce sont eux qui vous rendent belle et désirable tant dans vos rêves que dans la vie.

129. Imaginez que vous voulez envoûter un homme. Pensez intensément à cette personne tandis que vous vous donnez du plaisir. Envoyez-lui un message ! J'ai récemment testé cette technique : l'homme auquel je songeais m'a appelée aussitôt après... et il se trouvait à quatre mille kilomètres de là ! Coïncidence, vraiment ?

130. Aimez-vous ! Votre corps recèle des trésors pour vous et vos partenaires. Vous savez que vous pouvez être une amante inoubliable...

131. Votre partenaire vous néglige ? C'est un amant médiocre ? Vous avez bien essayé de l'encourager par de savantes caresses, des poses aguichantes, des audaces inattendues, des mots tendres, mais sans succès... C'est le moment de faire appel à vos fantasmes les plus chauds ! Lors d'une séance solitaire, imaginez cet amant peu empressé se livrant cette fois à tous les « outrages » sur votre corps pantelant. Visualisez-le en train de vous lécher les orteils, de glisser un main tremblante entre vos cuisses ; sentez l'odeur de sa peau enfiévrée tandis qu'il mordille vos seins ; entendez ses halètements passionnés dans votre oreille ; goûtez la saveur de sa langue... Simultanément, excitez vos « points divins ». Jouissez ! Passez ensuite à l'acte avec l'intéressé...

# 8

# LES SECRETS DE L'ORGASME

*Et puis arriva comme un miracle cette pulsation de plaisir que ne peuvent égaler ni les musiques les plus exaltantes, ni les sommets de la perfection dans les arts, les sciences ou la guerre, ni même les beautés les plus fantastiques de la nature, un plaisir qui transforme le corps en une haute tour de feux d'artifice qui explosent graduellement en fontaines de délices à travers les sens.*

Anaïs Nin.

Les femmes savent que l'orgasme n'est pas *le* but à atteindre à tout prix comme s'il s'agissait d'une compétition sportive. Nous portons plus d'intérêt au *processus* même de l'amour physique. Mais l'extase constitue également le plus beau cadeau que vous puissiez faire à l'homme de votre cœur. Peu de choses le satisfont autant que de savoir qu'il est parvenu à élucider cet éternel mystère féminin, ce « Graal » qu'il a tant cherché et qui lui est offert sous la forme de votre plaisir inondant tout *son* corps.

Nous avons un vrai pouvoir sur la gent masculine ! Et quelques avantages... Les femmes, au contraire des hommes, peuvent avoir des orgasmes multiples. Mary Jane Sherfey, dans son livre *The Nature and Evolution of Female Sexuality* (Nature et évolution de la sexualité féminine), estime que nous pourrions théoriquement jouir jusqu'à cinquante fois par jour lorsque la période s'y prête...

Les habitants de l'île Mangaia, en Polynésie, considèrent l'orgasme féminin non pas comme une faveur, mais comme une nécessité. À la puberté, les jeunes garçons apprennent à stimuler une femme et à lui offrir un maximum de plaisir ; plus tard, l'homme qui ne parvient pas à donner au moins deux orgasmes à sa compagne chaque fois qu'il lui fait l'amour perd son statut dans la société. Dommage que la nôtre ne soit pas aussi évoluée !

L'essentiel pour vous est de garder le contrôle de votre corps et de sa jouissance : *personne* ne vous *donne* d'orgasmes ; c'est vous qui les obtenez grâce à votre savoir-faire et votre créativité. C'est un art et un don typiquement féminins. Soyez-en fière ! Et continuez votre apprentissage... grâce à quelques « trucs » de filles...

## Secret n° 1
## Ne dépendre de personne

C'est ce que vous avez déjà appris à faire tout au long de cet ouvrage en explorant votre corps et en redécouvrant la séduction de ses creux et de ses courbes ; en situant vos points sensibles ; en définissant vos désirs et votre style amoureux ; en exaltant votre sensualité et vos fantasmes les plus extravagants ; en apprenant à vous donner du plaisir, ainsi qu'à votre partenaire.

Une femme qui aime sa sexualité et se donne régulièrement de la jouissance acquiert de l'assurance au quotidien. Elle développe un véritable charisme, et devient une séductrice irrésistible. Elle sait charmer et se mettre en valeur. C'est une perfectionniste et une maîtresse habile. Elle sait être indépendante dans tous les domaines, et surtout dans celui du plaisir. Parce qu'elle aime faire l'amour, elle conquiert les meilleurs amants et les garde !

## Secret n° 2
## La technique du « lâcher-prise »

Wilhelm Reich, psychanalyste, auteur de *La Fonction de l'orgasme*, décrit la jouissance comme « l'aptitude à se laisser emporter par le flot de l'énergie sexuelle sans aucune inhibition ». Se laisser aller, s'abandonner à ces sensations brûlantes est essentiel, car l'essence même de l'orgasme est le lâcher-prise, le renoncement à tout contrôle, l'oubli de soi, la soumission aux besoins du corps. Laissez de côté les convenances et la pudeur. Vous ne pouvez pas vous *forcer* à avoir un orgasme : il vous faut vous détendre, vous laisser porter par le courant et laisser votre corps partir à la dérive. Laissez s'exprimer votre vraie nature.

## Secret n° 3
## Concentrez-vous !

Vous devez vous concentrer exclusivement sur votre corps et vos sensations, et vider votre esprit de tout le reste. Ne soyez plus que volupté. Ne pensez à rien d'autre et surtout pas au quotidien ! C'est à cette seule condition que vous connaîtrez des orgasmes violents et multiples.

## Secret n° 4
## Clitoridienne ? Et alors ?

Que vous aimiez les caresses directes ou indirectes, rapides ou lentes, appuyées ou légères, l'essentiel est de découvrir ce qui vous excite le plus. Pour exemple, quelques témoignages : « J'adore me caresser dans la baignoire, l'eau du robinet coulant sur mon clitoris. Cette technique est relaxante et le résultat... Hmmm ! » Ou bien : « J'aime effectuer des allées et venues sur mon clitoris avec un vibromasseur pendant au moins dix minutes d'affilée. Puis je me pénètre avec jusqu'à ce que j'aie un orgasme. » Et encore : « J'atteins très vite l'orgasme en pinçant mon clitoris entre deux doigts et en le massant doucement tandis que je glisse l'index mouillé de l'autre main sur le bout... » Simple et efficace !

## Secret n° 5
## Faites le point

Où qu'il soit logé, votre point G est *votre* atout majeur. Profitez-en. Jouez avec, variez les caresses, devenez une spécialiste !

## Secret n° 6
## Du muscle !

Contracter le muscle PC augmente les sensations et offre une stimulation supplémentaire. Une experte m'a donné un bon « tuyau » : « Quand je suis au bord du plaisir, je contracte mon sexe autant qu'il est possible, jusqu'à ce que les spasmes de jouissance se soient apaisés. Après cela, j'utilise mon muscle PC pour mimer les contractions de l'orgasme jusqu'à ce que celui-ci revienne. »

## Secret n° 7
## Vous êtes si belle en ce miroir...

Ne cessez pas de vous regardez, examinez-vous sous tous les angles. En voyant les lèvres de votre sexe se gonfler et s'ouvrir comme une fleur, votre corps onduler d'une manière aussi sexy, vous sentirez monter une vibration extraordinaire. Ne reculez pas devant les délices du voyeurisme auto-érotique. Soyez l'objet de votre propre convoitise, avant de devenir celui d'autrui.

## Secret n° 8
## Des joujoux pour les grands

Les accessoires peuvent faciliter la montée de l'orgasme. Grâce à eux, vous atteindrez des sommets inégalés. Exemple : « Une amie m'avait parlé du plaisir qu'elle retirait d'un vibromasseur et j'ai eu envie d'essayer à mon tour. Je découvris que c'était génial parce que je pouvais diriger les sensations là où je le voulais et les faire durer. J'ai alors connu un orgasme tel que j'en ai presque été effrayée. Puis j'eus la sensation de pulsations et de contractions incontrôlables dont je n'aurais jamais imaginé mon corps capable. »

## Secret nº 9
## Fantasmez

La zone la plus érogène de votre belle personne est le cerveau. À l'épicentre de vos cyclones sensuels ! En une fraction de seconde, vous pouvez imaginer une dizaine de fantasmes des plus osés. C'est pourquoi vous devez faire comme 80 % des femmes : embraser votre imagination pour qu'elle vous aide à vous abandonner au plaisir. Une de ces coquines m'a confié : « Allongée sur le dos, j'introduis trois doigts dans mon sexe en m'imaginant qu'un prince arabe m'a retenue sous sa tente pour me renverser sur une longue table couverte de victuailles exotiques. Les femmes de son harem commencent par me lécher comme si j'étais un fruit juteux, et le prince lui-même plonge sa langue dans mon sexe. » De quoi se mettre en appétit !

## Secret nº 10
## Jeux de rôle

S'identifier à une poule de luxe, une dominatrice ou à une jeune fille innocente peut libérer la bête de sexe qui sommeille en vous ! Adoptez la tenue vestimentaire la plus appropriée et entrez dans la peau du personnage choisi. Deux Sarah Bernhardt de caractère racontent : « Quand je porte mon soutien-gorge de dentelle rouge et mon slip transparent, je ne peux m'empêcher d'onduler des hanches et d'avoir envie de faire toutes les bêtises possibles. J'ai l'impression d'être une putain de haut vol qui peut avoir des centaines d'orgasmes. » « J'aime m'habiller en Lolita, avec des lèvres goulues et bien rouges et une tenue d'écolière. Je peux tout me permettre avec une fausse innocence... et les hommes adorent la fausse ingénuité ! » À vous de jouer !

## Secret n° 11
## Soyez obsessionnelle

Je croyais que j'étais la seule à utiliser cette méthode, mais j'ai découvert récemment que beaucoup de femmes savent, elles aussi, visualiser certaines parties de leur corps et que cela les stimule énormément. Généralement, j'opte pour un gros plan sur ma poitrine, les bouts bien tendus et vibrants. Cela me met dans tous mes états ! D'autres femmes partagent mon enthousiasme : « Je me fixe sur l'image de mon clitoris, qui revêt alors l'aspect d'un homme. Il est énorme, rouge vif et tout luisant. Il suffit ensuite de l'effleurer du bout des doigts pour que j'aie un orgasme. » « Je visualise l'intérieur de mon sexe gorgé de sang, offert à qui veut... J'en imagine les parois forcées de s'écarter davantage pour laisser le passage à mon amant... » Ce genre d'obsession flattera certainement votre libido... et votre ego !

## Secret n° 12
## Garder le rythme

Les femmes se plaignent souvent que l'homme de leur vie passe son temps à changer de rythme ou de position au mauvais moment ! Lorsque l'excitation sexuelle est à son comble, l'important est effectivement de « continuer ». Il faut conserver le même rythme, le même mouvement, la même pression, la même allure, pendant plusieurs secondes. Et l'on peut avoir des orgasmes multiples pour peu que l'on s'obstine, sans rien varier, après la première vague de jouissance.

## Secret n° 13
## Faites durer le plaisir !

Vous pouvez intensifier et prolonger l'orgasme et faire monter la tension en cessant brusquement toute stimulation. Caressez alors un autre endroit tandis que l'excitation retombe un peu... pour mieux repartir ! Plus vous ferez cet exercice et plus l'orgasme final sera délirant.

## Secret n° 14
## Le second souffle

La respiration permet d'optimiser les capacités orgasmiques. À vous d'élaborer une technique personnelle. « Je fais en sorte d'avoir un orgasme par jour, m'a dit une collègue de bureau, parce que cela m'aide à évacuer le stress de la journée. J'ai découvert que de profondes respirations accroissent ma jouissance. Je respire profondément et j'imagine que l'air entre et sort de mon sexe. C'est une sensation étrange, mais très plaisante ! » Une autre : « Je sais que si je retiens mon souffle, j'ai un orgasme plus rapide. » Ou encore : « Une respiration hachée et rapide augmente considérablement les sensations. Après la jouissance, je continue cette respiration tout en me caressant doucement. L'hypersensibilité de mon clitoris disparaît alors et je peux bénéficier d'un second orgasme, et ainsi de suite, cinq ou six fois. » Sacré sport !

## Secret n° 15
## Le chant du cygne

Ne vous retenez pas ! Criez, hurlez, jacassez, soupirez ! « Si je ne hurle pas comme une damnée, je ne peux pas jouir. » « Quand je gémis, je ressens mieux les choses. » « Je me parle et je me complimente. Je dis un tas de choses que j'aimerais susurrer à un amant, je fais des commentaires coquins... » : les filles sont intarissables !

## Secret n° 16
## Variations majeures

Une fois que vous avez eu un premier orgasme, essayez d'en avoir un second. Combinez les plaisirs à l'infini. Mon premier orgasme, je l'obtiens en titillant mon clitoris avec un doigt. Le second, avec un accessoire : beaucoup de femmes se contentent de changer de position ou de changer d'angle d'attaque ! « Après un premier orgasme, je stimule simplement une autre zone érogène. » La simplicité peut aussi avoir du bon...

## Secret n° 17
## Poussez !

Surprenant, mais ça marche : pousser comme pour un accouchement peut aboutir à l'orgasme : « Quand je veux avoir un orgasme, je pousse comme je l'ai fait lors de la naissance de mon bébé. Ces pressions m'envoient au septième ciel. » « Après un premier orgasme, mon clitoris est moins sensible aux attouchements ; je me crée d'autres sensations en poussant fort, mes doigts restant en place. Le résultat ne se fait pas attendre. » « Cette méthode me permet de sentir combien mes parois intérieures sont exposées et sensibles. Je peux ainsi jouir plusieurs fois. »

## Secret n° 18
## Clitoridienne et vaginale !

Les orgasmes vaginaux sont très différents des orgasmes clitoridiens, les contractions sont plus profondes que les spasmes provoqués par le plaisir clitoridien : « Quand j'ai un orgasme vaginal, tout mon pelvis, parfois même mon corps tout entier, se soulève et tremble. Après cela, je me sens satisfaite, mais j'aspire à recommencer, cette fois avec un partenaire... »

## Secret n° 19
## Gardez le cap !

L'orgasme est une vraie fulgurance. Si je me sens en confiance et que je ne suis gênée par aucune inhibition, je peux prolonger ce bien-être très longtemps. Il faut avoir vraiment envie de plonger très loin en soi-même. Les maîtres taoïstes ont, eux aussi, toujours considéré ce sentiment d'unité, pendant et après l'orgasme, comme l'expérience mystique la plus accessible. C'est pourquoi, si vous envisagez le plaisir et l'orgasme comme quelque chose de plus qu'un simple soulagement physique, comme une aventure spirituelle, vous parviendrez peut-être au-delà de l'orgasme, en ce lieu magique ancré en vous.

# 9

# LES JOUETS DE CLÉOPÂTRE

*En y réfléchissant, je peux dire qu'il m'est arrivé de connaître une relation quasi romantique avec mon vibromasseur. C'est ainsi que j'ai résolu le problème de la possessivité en en achetant plusieurs et en les prêtant à des amies.*

Betty Dodson, *Sex for One.*

La légende rapporte que la reine Cléopâtre devait souvent passer ses nuits en compagnie de centaines de soldats pour apaiser ses insatiables besoins sexuels. Plus tard, elle resta cependant fidèle à Marc Antoine. Mais le Romain devait parfois s'absenter pour guerroyer et conquérir de nouvelles terres. Aussi Cléopâtre dut-elle, pendant ces périodes de solitude forcée, calmer ses appétits sensuels au moyen de toutes sortes d'accessoires, instruments érotiques et autres « jouets » : godemichés de toutes matières (bois, pierre polie) et dimensions, lanières et chaînes, ombelles de papyrus, fruits, etc. La reine d'Égypte en retirait un plaisir tel qu'il l'embellissait et lui conférait un incroyable sex-appeal... Son regard de braise devait suffire à attiser le désir de Marc Antoine entre deux campagnes : le repos du guerrier ! Et ne doutons pas que la reine eût pris la peine d'initier son amant à toutes les « nouveautés » qu'elle avait pu expérimenter entre-temps.

En tant que souveraine, Cléopâtre était une politicienne terriblement rusée. Mais, en tant que femme, elle savait tirer parti de tous les artifices et accessoires. Les femmes d'aujourd'hui estiment que la stimulation mécanique d'un godemiché permet des orgasmes plus faciles, plus rapides et plus intenses.

Le vibromasseur agit sur les milliers de terminaisons nerveuses situées dans la muqueuse vaginale. Il peut exciter des millions de récepteurs sensoriels, ce que ne peuvent faire ni la main ni le sexe masculin le plus habile. C'est pourquoi un orgasme extrêmement intense est alors inévitable. Rien d'étonnant à ce que les femmes redécouvrent, grâce à ces accessoires, tout un potentiel érotique méconnu, qu'elles peuvent aussi exploiter avec leur partenaire.

Un détail pratique concernant l'entretien de votre joujou : gardez-le dans un endroit frais et sec – je range le mien dans une pochette en tissu glissée dans le tiroir de ma commode – et lavez-le soigneusement après chaque usage à l'aide d'un chiffon humide ou imbibé d'alcool. Ne le plongez jamais dans l'eau.

## Massages à la suédoise

Fixés sur le dessus de la main par des sangles autour de la paume, ces « masseurs » se présentent comme de petites boîtes à vibrations qui agissent sur toute la main. Les pulsations sont de faible intensité. L'intérêt de cette méthode est le contact de peau à peau et la possibilité, en déplaçant le boîtier à volonté, de stimuler ainsi n'importe quelle partie du corps. Si vous disposez de cette merveilleuse invention, glissez votre main dedans et promenez-la sur tout votre corps. La sensation que vous en retirerez vous donnera une idée des langueurs qu'éprouvait la belle Cléopâtre dans ses bains de lait parfumé !

132. Faites glisser votre main pourvue du gantelet magique dans tous vos creux et sur toutes vos rondeurs. Vous en éprouverez de délicieux frissons et vous découvrirez probablement que certaines zones auparavant peu sensibles semblent s'éveiller à ce nouveau type de contact...

133. Faites « vibrer » votre vulve. Empoignez votre mont de Vénus avec cette main vibrante et pressez lentement ; sentez les vagues profondes qui s'immiscent partout dans votre corps. Laissez vos doigts reposer sur le clitoris. Introduisez un doigt dans votre sexe et ne bougez plus. Le plaisir va s'y propager en ondes délicates...

134. Dixit Sharon : « J'adore enfiler mon gant de massage suédois et poser mon médius sur l'entrée de mon anus. Dans le même temps, je caresse mon sexe de l'autre main. C'est fatal ! »

## Vibromasseurs simples et à têtes interchangeables

Le vibromasseur classique est composé d'un embout effilé ou arrondi, fixé à un manche d'une trentaine de centimètres. Ce modèle procure des vibrations intenses et profondes. Il est facile à manœuvrer et beaucoup de couples s'en servent pour s'exciter mutuellement.

Le vibromasseur à têtes interchangeables est légèrement plus court (quinze à vingt centimètres) et possède un taquet métallique sur le côté, grâce auquel vous pouvez fixer toutes sortes d'embouts : arrondis, en forme de coupe, à pointes, etc. Ce sont des appareils légers, relativement silencieux. Ils fonctionnent avec deux vitesses : « intense » et « très intense ». Manipulez-les en connaissance de cause !

135. Les deux types d'appareil que nous venons de décrire étaient à l'origine destinés au massage ; c'est pourquoi vous pouvez vous en servir pour vous caresser toutes les parties du corps. Le premier vous permettra notamment, par sa longueur, d'atteindre des endroits inaccessibles autrement, comme le milieu du dos ou la plante de vos pieds. Amusez-vous avec les différents accessoires qui peuvent se fixer sur le second modèle pour exciter des zones inhabituelles. Ou bien contentez-vous d'un massage général avant de vous livrer à d'autres manœuvres plus directement érotiques.

136. Les combinaisons possibles entre ces « jouets » et le corps féminin sont variables à l'infini.

137. Seins et vibromasseurs font très bon ménage. Le sommet arrondi du premier modèle donne des sensations formidables, qu'il effleure à peine ou qu'il malaxe plus profondément l'aréole des seins. L'embout d'un autre modèle vous rappellera le contact d'une bouche...

138. Soyez plus prudente lorsque vous voudrez titiller votre sexe : diminuez l'intensité des vibrations. Une pression ou un mouvement trop violent risquerait d'annuler toute excitation.

139. Caressez les lèvres de votre sexe avec le vibromasseur. Des mouvements lents et langoureux sont recommandés. Puis maintenez la tête de l'appareil à l'entrée de votre vagin. Laissez les vibrations envahir doucement votre corps.

140. Prenez votre temps : faites quelques intermèdes pour mieux vous caresser ensuite.

141. Introduisez dans votre sexe un œuf de pierre ou des billes (ou boules dites *ben wa*), puis maintenez le vibromasseur en marche. Les œufs ou les billes vont s'agiter délicieusement en vous.

142. Caressez-vous de votre doigt en contact avec les vibrations de l'appareil.

143. Posez le vibromasseur sur le clitoris et augmentez lentement la pression exercée jusqu'à ce que toute la zone frémisse de désir. Mettez alors l'appareil sur « grande vitesse » !

144. Plongez dans votre intimité la main libre pendant que l'autre maintient l'instrument sur votre clitoris.

145. Alternez caresses mammaires et stimulations clitoridiennes... et observez le résultat dans le miroir.

146. Vous pouvez obtenir des vibrations « de peau à peau », comme avec le gant suédois, en posant votre vi-

bromasseur sur le dos de votre main tandis que celle-ci procède à des caresses des doigts ou de la paume. Avec un peu d'imagination, ces caresses rappellent celles de la bouche, de la main ou du pénis d'un amant.

147. Glissez un doigt en vous pour atteindre votre point G ; puis faites-le vibrer en installant votre vibromasseur contre la partie de votre doigt, de votre main ou de votre poignet qui reste disponible.

148. Plus osé : dressez le vibromasseur sur un oreiller, agenouillez-vous puis asseyez-vous dessus ; la tête de l'appareil touche alors votre vulve et vous pouvez réguler la pression, la vitesse des pulsations, etc., selon vos désirs...

149. Rien ne vous empêche de devenir encore plus ingénieuse et de fabriquer une sorte de harnais qui vous permettra de maintenir en place le vibromasseur contre votre sexe, libérant du même coup vos mains pour d'autres explorations : croisez deux longues écharpes descendant de vos épaules à vos cuisses et nouez-les pour retenir l'appareil...

## Godemichés

Les godemichés imitent le sexe masculin. C'est cette similitude avec le membre viril qui constitue leur principal intérêt.

Et c'est bien sûr ce qui importait à la belle Cléopâtre lorsqu'elle se fit spécialement sculpter à ses mesures des godemichés en bois et en pierre. Certains archéologues en auraient découvert en terre cuite dans quelques tombes égyptiennes de la même époque.

Cléopâtre tenait comme à la prunelle de ses yeux à ces objets phalliques. Ils étaient les instruments d'un rite quasi magique destiné à préserver vitalité et sensualité. Cette séductrice légendaire savait intuitivement que le contact du phallus contre la vulve est une invocation sans pareille à la volupté et à la passion amoureuse.

Dans toutes les cultures du monde, à toutes les époques, on a utilisé des phallus sculptés pour s'initier aux plaisirs sexuels. Les peuples anciens les considéraient même comme des objets sacrés. Originellement consacrés aux divinités de la fécondité, ils étaient censés maintenir une influence bénéfique dans les foyers. En Inde, les « lingams » sacrés, faits de pierre, de métal ou d'ivoire, représentaient le dieu Çiva et servaient autrefois à déflorer les jeunes vierges, au cours d'un rite sacré précédant le mariage. À Rome, c'était une statue du dieu phallus, Mutunus Tutunus, qui présidait à l'initiation des jeunes fiancées.

Au Japon et en Chine, les épouses possédaient souvent des répliques, en écaille de tortue, en corne ou en bois, du membre viril de leur mari, gravé à leur nom. Traité avec le plus grand respect et conservé avec soin dans un coffret spécial, c'était un objet vénéré qui consolait l'épouse esseulée en l'absence de son bien-aimé.

Dans les harems d'Arabie et au cours des cérémonies sacrées de la Grèce antique, les godemichés étaient incontournables. Au début de notre ère furent inventés des godemichés en cire, pouvant absorber la chaleur du corps humain. Vers l'an 1100, on créa en France de longs instruments en caoutchouc, poétiquement appelés les « consolateurs », qui contenaient du lait ou d'autres liquides destinés à simuler l'éjaculation.

Aujourd'hui, les godemichés arborent des formes, des tailles, des couleurs étonnamment variées répondant à tous les goûts et à toutes les fantaisies érotiques. Ils sont en plastique, en vinyle, en caoutchouc, en latex et en *jel-lee* (nouvelle matière révolutionnaire). Certains ont l'allure de cylindres compacts, tandis que d'autres se rapprochent davantage de la morphologie masculine. À vous de comparer et de choisir !

Les godemichés traditionnels sont de taille standard et possèdent parfois à leur base des protubérances rappelant les testicules.

Les modèles sont innombrables. J'en ai vu mesurant seulement douze centimètres de long sur trois centimètres de diamètre, d'autres le double ; il y en a des roses, des noirs, et même des turquoise ! Quant aux formes, il y en a pour tous les goûts : des cylindres, mais aussi des canards, des dauphins, des baleines ou autres « instruments » dignes des stars masculines du porno (qu'on appelle encore les « cascadeurs du sexe »). La taille pose parfois problème : vous pouvez fort bien être déçue, choisir un objet trop petit ou d'un trop fort diamètre. Visez juste !

150. Lubrifiez le godemiché avant chaque usage, faute de quoi, le caoutchouc peut vous blesser ou vous échauffer. Vous pouvez, comme Cléopâtre, le lubrifier de votre salive ou vous exercer à la fellation !

151. Demander aux femmes ce qu'elles aiment faire avec un godemiché est stupide : tout ! Votre répertoire ne doit être limité que par votre imagination... Reproduisez les gestes habituels de votre amant, et toutes les choses que vous *aimeriez* qu'il vous fasse !...

152. Testez la puissance de votre « muscle d'amour », en le contractant autour du godemiché logé dans votre sexe. Apprenez à faire jouir ainsi votre amant.

153. Exercez-vous à toutes les approches érotiques en variant la position des jambes : les effets seront différents – genoux rassemblés ou écartés ; en position assise, renversée, penchée ou à genoux ; devant un miroir en pied ; de côté avec une jambe à l'équerre ; à quatre pattes ; dans un fauteuil, les jambes par-dessus les accoudoirs ; sur le ventre, etc.

154. Une posture très intéressante qui nécessite un peu de souplesse : allongée sur le dos, genoux écartés, pieds rassemblés et ramenés vers les fesses. Maintenez le godemiché en vous et manœuvrez-le avec les pieds. Tous les muscles de la zone vaginale seront stimulés par la contracture des jambes et celle des pieds. Athlétique et délirant !

155. Enfilez à votre godemiché un préservatif et vous ferez coup double : vous apprendrez à enfiler l'indispensable protection avec une plus grande dextérité et vous découvrirez une texture nouvelle.

156. Dans le commerce spécialisé, vous pouvez trouver des appareils creux qui s'ouvrent à leur base pour être remplis d'eau chaude, de crème, de blanc d'œuf, etc. Vous pourrez, au cours d'une séance, faire gicler ce substitut de sperme au moment opportun et en retirer tous les délices possibles !

157. Les plus téméraires pourront aussi employer deux « jouets » à la fois...

## Les merveilles de Cléo

Avec l'imagination, les ressources et l'ingéniosité qui étaient les siennes, on imagine que la sublime Cléopâtre devait posséder un véritable arsenal de « gadgets » érotiques. Ses jouets favoris, outre les godemichés, pouvaient être à la fois simples et raffinés : plumes d'ibis, fourrures, crèmes et onguents. Voici d'autres suggestions qui devraient solliciter votre propre imaginaire.

158. Certains textes anciens de l'Inde évoquent l'usage de légumes tels que : radis, mangues, courges, bananes, carottes, concombres, courgettes... Prenez toujours la précaution de les utiliser avec un préservatif, pour éviter tout contact des muqueuses avec d'éventuels pesticides. Pour le reste, tout est permis !

159. Je connais des artistes érotomanes qui s'amusent à « sculpter » leurs légumes préférés... et à leur donner des formes plus que suggestives... À réserver aux plus habiles !

160. Prenez garde à ne pas jouer avec n'importe quoi : pas d'objet en métal, en verre, de forme biscornue ou ayant des arêtes tranchantes ! Dans l'intérêt de votre santé, manifestez autant de discrimination avec vos amants mécaniques que vous en avez avec vos compagnons de chair et de sang, histoire de ne pas atterrir aux urgences !

161. Les billes ou boules dites *ben wa* peuvent donner de grandes satisfactions si vous les activez avec un vibromasseur, en marchant, en dansant ou en vous livrant à d'autres exercices. Ces billes répondent à un fantasme impossible : celui d'être stimulée pendant des heures !

162. Les Japonais ont une autre version de ces billes, appelées *rin-no-tama*. L'une d'elle est creuse et l'autre, plus lourde, contient une bille plus petite. Introduisez-les dans le vagin – la plus légère en premier – et obturez l'entrée avec un tampon. Le moindre mouvement vous causera une émotion sans pareille.

163. La glace est un jouet fabuleux. Faites glisser un cube de glace entre vos seins, sur vos lèvres et votre clitoris, puis faites-le pénétrer. Laissez-le fondre tout en vous caressant. Remplissez d'eau un préservatif que vous laisserez durcir dans le congélateur. Quelques heures plus tard vous pourrez user de ce drôle de jouet.

164. Le « papillon de Vénus » est moins connu. C'est un minuscule coussin vibrant que vous posez sur le clitoris ou sanglez contre l'intérieur de la cuisse. Les titillements continus de l'appareil vous délecteront des heures durant.

165. L'experte saura encore tirer parti d'accessoires apparemment anodins : une queue de lapin, des plumes d'autruche et de paon, un plumeau, des écharpes de soie, un vieux corset de satin, un napperon de dentelle, des gants de cuir noir, une petite balle de caoutchouc, des mitaines de laine, un œuf en bois satiné, une collection de dés à coudre pour chaque doigt, des fleurs en tissu, un ours en peluche, un vieux tapis de laine, des gants de coton mon-

tant jusqu'au coude, un dossier en billes d'olivier pour siège de conducteur, une sortie de bain en tissu éponge, une brosse à maquillage, un jupon de taffetas froufroutant, des morceaux de Velcro... et la longue perruque de Cléopâtre en provenance d'un costume de carnaval !

166. Personne n'ose vraiment en parler, mais des millions de femmes ordinaires, vertueuses et saines, adorent les mises en scène quelque peu sado-masochistes. Se faire ligoter ne manque pas d'attraits. Si vous hésitez à vivre ces fantasmes dans la réalité, rien ne vous empêche d'essayer d'abord dans la solitude. Munissez-vous de quelques ustensiles : fouets, menottes, lanières, masques, chaînes, etc. Souvenez-vous que de simples écharpes, vos sous-vêtements ou vos bas font déjà des liens et des bâillons merveilleux... Vous pouvez obtenir de très vraisemblables « colliers d'esclave » en vous servant de bijoux personnels, de rubans ou de rangs de perles. Remplacez le fouet par une ceinture, une serviette de toilette torsadée ou un plumeau. Réinventez les tortures raffinées et hautement jouissives d'*Histoire d'O*...

167. L'eau permet des jeux sophistiqués et doux. Les possibilités sont multiples... Asseyez-vous en face du jet puissant d'un jacuzzi, d'une pomme de douche ou d'un bidet. Faites simplement couler de l'eau chaude sur votre sexe. Allongez-vous dans la baignoire, votre fente sous le robinet grand ouvert, en essayant d'alterner le froid et le chaud. Sous la douche, penchez la tête de côté et laissez l'ondée échauffer tout votre corps.

168. Avez-vous déjà rasé votre pubis pour en admirer ensuite l'élégante « innocence » ? Vous pouvez aussi en profiter pour y dessiner un tatouage éphémère. Développez votre esthétique de l'érotisme... et révélez à votre compagnon le chef-d'œuvre que vous avez créé avec votre corps.

# 10

# LA MAÎTRESSE ET SON AMANT

*Vous ne pourrez percevoir ce que vous êtes qu'en*
*connaissant et vous-même et vos plaisirs,*
*car seulement alors vous pourrez donner le plaisir que*
*vous souhaitez offrir et recevoir celui*
*qu'on veut vous donner.*

Ashley Thirlby, *Tantra.*

À présent que vous avez éveillé votre corps aux sensations érotiques et votre esprit à une sensualité intense, il est temps d'inviter votre partenaire à partager votre bien-être. Il n'a certainement pas manqué, durant toute cette initiation, de récolter les fruits de vos progrès. Mais il s'agit maintenant de le faire participer ! Bien que devenue une véritable magicienne de l'amour, il vous reste probablement une certaine part de timidité qui vous empêche de vous révéler totalement à lui. Mais les raisons ne manquent pas de passer outre ces inhibitions :

● Selon certaines enquêtes scientifiques récentes, beaucoup de couples ne jouissent d'un réel épanouissement sexuel que s'ils connaissent et savent pratiquer l'auto-érotisme. Question de confiance mutuelle. Dans son *Art of Sensual Loving* (« L'art de la sensualité »), le docteur Andrew Stanway affirme que « la valeur de la masturbation ne doit pas être sous-estimée dans une relation à long terme ». Les couples qui durent sont ceux qui ont appris à aimer leur corps.

● Malgré ce que l'on suppose également, vous pouvez ranimer la flamme de votre compagnon avec peu de choses. Pourquoi pensez-vous qu'on voie tellement de femmes en train de se masturber dans les films érotiques ? Parce que les hommes sont intensément visuels et que la vue d'une femme en pâmoison les rend fous. Soyez suffisamment sûre de vous pour permettre à votre conjoint de vous regarder en pleine action et vous pourrez facilement le vérifier. Un jour, un homme m'a dit : « Lorsqu'une femme se livre tout entière à la puissance de sa sexualité en aimant son propre corps, et qu'*elle me laisse la regarder*, elle me fait un cadeau inestimable. »

• Soyez enfin active et prenez les choses en main ! Soit dit sans mauvais jeu de mots... Même en duo, vous devez être maîtresse de votre désir, de votre excitation et de votre plaisir. Votre amant appréciera qu'au lieu de vous contenter de réagir et de suivre ce qu'on veut bien vous faire vivre, vous puissiez gérer vos pulsions et progresser selon un code absolument intime. À travers le prisme magique de l'osmose sexuelle, toute initiative rend les choses encore plus excitantes pour les deux partenaires.

• C'est le meilleur moyen pour un homme de connaître vos besoins et vos désirs. Apprenez-lui à vous faire ce que vous aimez. Votre partenaire pourra en outre vérifier que ses prouesses sexuelles vous subjuguent vraiment. Souvenez-vous tout de même que les hommes ignorent souvent ce qui plaît *véritablement* aux femmes. Par conséquent, il ne peut être que bénéfique et merveilleusement provocateur de guider très précisément ses gestes, pour vous conduire au délire.

• Vous pouvez également apprendre un tas de choses excitantes auprès de votre amant ! L'un de mes partenaires adorait me regarder jouir. Il disait même que c'était une des choses les plus excitantes pour lui. Notre petit jeu était réciproque, et j'étais aussi séduite que lui. En fait, c'est de cette façon que j'ai appris à caresser efficacement un homme.

... Autrement dit, l'auto-érotisme peut dynamiser une vie de couple. Mais que vous en discutiez en guise de préliminaires avant de passer aux actes, ou que vous lui en fassiez directement la surprise visuelle, il est préférable de débuter par une scène modeste, que vous êtes certaine d'accomplir en virtuose. Vous pourrez toujours faire monter la pression ensuite.

169. Un jour, pendant les préliminaires, essayez de fixer droit dans les yeux votre partenaire tout en suçant le bout de vos doigts. Obligez-le à en faire autant en glissant votre main sur sa bouche. Puis caressez-vous sans le quitter du regard. *No comment.*

170. Prenez vos seins dans la coupe de vos paumes et offrez-les lui, tétons pointés vers ses lèvres ; prenez-lui la main pour la diriger vers votre poitrine ou jouez vous-même lascivement avec vos seins.

171. Oignez langoureusement vos seins et caressez le corps de votre amant avec votre poitrine ainsi apprêtée. Gémissez sur tous les tons si vous en avez envie pour lui manifester votre plaisir.

172. Certaines femmes préfèrent se mettre un bandeau sur les yeux lors de leur première démonstration d'auto-érotisme en présence de leur partenaire... Gardez le bandeau encore un moment tandis que vous commencez à faire l'amour : ignorer ce qui va arriver ensuite procure de très agréables frissons... Votre partenaire se sentira aussi peut-être plus libre et débridé.

173. Il est possible de décupler le plaisir que procurent les caresses de votre partenaire. Sachez guider votre amant en lui prenant la main...

174. Prenez un bain ensemble et prenez le temps de vous laver, savonner, frotter, caresser...

175. Certains accessoires ont été conçus pour transformer le pénis de votre partenaire en jouet encore plus performant : des anneaux en caoutchouc ou en latex pourvus de billes ou de petites dents et que l'on glisse jusqu'à la base de la verge augmentent considérablement l'érection ; les billes ou denticules excitent votre clitoris au moindre mouvement. Faites « les boutiques » ensemble !

176. Les hommes adorent voir une femme s'ouvrir largement. En dépit de ce que nous croyons, les hommes trouvent cette vision charmante et intensément érotique. N'ayez donc plus peur de leur jugement.

177. Lorsque votre amant se tient derrière vous, caressez vos seins ou votre clitoris.

178. Abusez de la position dite « de la petite cuiller » (en chien de fusil, l'homme derrière la femme), particulièrement recommandée parce qu'elle laisse vos mains complètement libres. Même si ce que vous faites demeure mystérieux, votre partenaire peut le deviner en ressentant les ondulations de vos hanches...

179. Attachez votre amant et laissez-le assister à l'un de vos orgasmes les plus débridés ; approchez-vous de lui pour qu'il n'en perde pas une miette. Libérez-le et laissez-le ensuite vous rejoindre dans vos ébats.

180. Pratiquez l'auto-érotisme en même temps que la fellation. Donnez-vous un maximum de plaisir sans penser à rien d'autre.

181. Lorsque votre partenaire et vous-même serez plus à l'aise dans ces jeux, vous pourrez l'encourager à se caresser en même temps que vous. Ce spectacle « mutuel » est diablement jouissif. Mettez-vous en face l'un de l'autre et admirez votre dextérité... Cette fête des yeux et des sens peut durer et se transformer en expérience inoubliable.

182. Vivez avec votre temps : l'auto-érotisme mutuel au téléphone peut ménager de merveilleuses surprises. Les séparations forcées deviennent alors prétexte à de torrides dialogues...

183. Apprenez à votre amant à se servir de vos « jouets » favoris... et laissez-lui carte blanche !

# 11

# SENSUALITÉ DU QUOTIDIEN

*C'est ainsi qu'elle a appris à se sentir bien*
*dans son propre corps, à être sa meilleure amie*
*et son meilleur amant.*

Tee Corrinne, *Dreams of the Woman Who Loved Sex.*

« Je prends le temps de me donner du plaisir tous les jours, même si pour cela je dois m'enfermer dans la salle de bains, sauter un repas ou abandonner mon conjoint pendant une heure. Sinon, je suis stressée au travail, une piètre maîtresse au lit et de mauvaise humeur avec mes amis et ma famille ! Ils méritent tous mieux que cela, donc, je fais ce qu'il faut... »

Anne, secrétaire de direction.

« Ma sexualité me permet de me sentir bien, vivante, importante et bien dans ma peau. »

Sandy, femme au foyer, mère de six enfants.

« Plus je me réserve du temps pour explorer ma propre sensualité, et plus ma vie s'éclaire. Les hommes le sentent et se laissent séduire.

Lelia, avocate à la retraite.

Se donner du plaisir réduit le stress, augmente cette confiance en soi qui nous rend rayonnante, nous confère un sex-appeal irrésistible. Cette « gymnastique » est nécessaire à notre bien-être physique, émotionnel et spirituel, il s'agit là d'un précieux et délicieux cadeau de la Nature.

Accordez-vous autant d'amour, de temps et d'attention que vous en consacrez à une relation de couple. C'est même le meilleur moyen pour retenir un amant ou un mari. Accordez-vous du temps, quitte à changer votre planning, à reporter des rendez-vous ou des tâches ménagères. Vous n'en serez que plus épanouie et heureuse auprès de ceux que vous aimez.

## Votre sensualité Mode d'emploi

Même si vous êtes l'*activ-woman* la plus occupée de la planète, vous pouvez trouver un peu de temps pour apporter une touche d'érotisme dans votre quotidien.

- Sous la douche matinale, laissez l'eau couler sur votre sexe. Les mains pleines de savon, caressez longuement votre sexe.

- En vous aspergeant de lotion pour le corps, consacrez quelques instants à vos tétons.

- Admirez votre nudité tandis que vous passez vos vêtements. Prenez des poses, jouez avec votre corps.

- À longueur de journée, essayez de ne rien laisser passer : sons, odeurs, détails évocateurs...

- Appréciez la texture d'une étoffe ou le velouté d'un manteau de fourrure.

- Frottez vos cuisses l'une contre l'autre, de temps en temps.

- Promenez-vous toute nue dans votre appartement.

- Contractez votre muscle PC chaque fois que vous y pensez ; personne ne s'en apercevra.

- Humez le vent, fermez les yeux, ouvrez les paumes sous la pluie et inspirez l'air frais.

- Regardez-vous dans un miroir.

- Distrayez-vous d'un fantasme tandis que l'autobus vous emmène au bureau, que vous faites la queue à la banque, ou que vous êtes chez le coiffeur.

- Choisissez votre menu en tenant compte des couleurs et des parfums. Admirez, goûtez et humez votre nourriture.

- Prêtez un peu d'attention à votre *hara* (point situé à cinq centimètres sous le nombril), considéré par les Orientaux, notamment dans les arts martiaux, comme notre centre énergétique.

- Donnez-vous du plaisir dans tous les lieux « exotiques » où vous vous rendrez : les toilettes du bureau ou du restaurant, une cabine téléphonique, une salle de conférence vide, etc.

- Dans le train, fermez les yeux et profitez des vibrations et cahots...

- Faites la vaisselle en tenue d'Ève !

- Le soir, dans votre lit, bercez et aimez votre corps. Ne vous endormez pas sans vous faire du bien. Songez que vous pouvez rendre un homme fou de votre corps !

## « Delicatessen »

Lorsque vous disposez de davantage de temps, vous pouvez envisager quelques douceurs :

- Un bain chaud et parfumé, à la lumière des chandelles, avec musique, vin fin, etc.

- L'abandon au plus long et au plus délirant de vos fantasmes avec accessoires et tenues vestimentaires.

- Deux heures de manipulations savantes qui vous mèneront au moins quinze fois au bord de l'orgasme avant de vous faire exploser.

- Une vidéo érotique à visionner, avec encens, champagne et accessoires à portée de main.

- Un après-midi de paresse en compagnie d'amants esclaves (vrais ou fantasmatiques).

- Une séance de massage érotique avec des huiles aromatiques.

- Une séance de lecture érotique... à conduire d'une main.

N'ayez pas peur de paraître « décadente » et outrancière. Bien au contraire, soyez fière de votre créativité érotique ! Rappelez-vous chaque jour que vous êtes une séductrice et une amante inégalable, une véritable déesse du sexe, créée pour l'amour et le plaisir.

Votre sensualité sera alors perceptible par ceux que vous voudrez faire succomber...

# APPENDICE

## Quelques grimoires précieux en référence

### Livres, magazines, musique et films vidéo

Il existe des millions d'ouvrages, de revues, de musiques et de films érotiques. En voici une brève sélection.

**Littérature**

L'ARÉTIN, *La Vie des courtisanes.*
Emmanuelle ARSAN, *Emmanuelle.*
La Bible, *Le Cantique des Cantiques.*
BRANTÔME, *La Vie des dames galantes.*
William BURROUGHS, *Le Festin nu.*
CASANOVA, *Mémoires.*
COLETTE, *Chéri.*
John CLELAND, *Mémoires de Fanny Hill.*
Nancy FRIDAY, *L'Empire des femmes.*
Xaviera HOLLANDER, *Supersex.*
D. H. LAWRENCE, *Femme amoureuses ; L'Amant de Lady Chatterley.*
LO DUCA, *Sexologia Lexicon.*
Pierre LOUŸS, *Œuvres complètes.*
Henry MILLER, *Tropique du Cancer.*
Henry MONNIER, *La Grisette et l'Étudiant ; Les Deux Gougnottes.*
Andréa DE NERCIAT, *Mon noviciat ou les Joies de Lolotte ; Félicia ou Mes fredaines ; Le Doctorat interrompu.*
Anaïs NIN, *Vénus Erotica* (et toutes ses œuvres).
OVIDE, *L'Art d'aimer.*
Cécile PHILIPPE, *Petites histoires horizontales.*

Pauline RÉAGE, *L'Histoire d'O.*
RIMBAUD, *Les Stupras.*
SACHER-MASOCH, *La Vénus à la fourrure.*
SADE, *Justine ; Juliette ; La Philosophie dans le boudoir ; Les Carnets d'un libertin.*
Claude SADUT, *Thérèse ou la Soumission.*
Jacques SERGUINE, *Cruelle Zélande.*
Scott SPENCER, *Un amour infini.*
Anne-Marie VILLEFRANCHE, *Plaisir d'amour.*

Nous vous conseillons également la lecture des œuvres licencieuses de Verlaine, Mirabeau et Fabre d'Églantine...

- Ouvrages d'art, œuvres collectives :

Daniel SARCEAU, *Érotisme et cinéma.*
Yann LE PICHON, *L'Érotisme des chers maîtres.*
Gilles NERET, *Erotica universalis.*
Alain WALTER, *Érotique du Japon classique.*
Anne-Marie BONNET, *Rodin, aquarelles érotiques.*
Michel BOURGEOIS, *Érotisme et pornographie dans la BD.*
Pierre PERRET, *Anthologie de la poésie érotique.*

**Magazines dits « de charme »**

*Lui, Playboy, Penthouse, Sexy Mag, Hot Vidéo, Union, Lettres Magazine, Lettres de Femmes, Mag SM, Sexy Hard, Charnelles, Sexy Score, Gros Seins, Hard, Club, Échangistes, Bede Adult, Bisou, Climax, Swing Magazine, Play Love, Tournage X...*

**Musique**

- Classique

*Rhapsodie Hongroise* (Liszt) ; *Boléro* (Ravel) ; *Ouverture 1812* (Tchaïkovski) ; *Schéhérazade* (Rimsky-Korsakov) ; *Neuvième Symphonie : L'Ode à la joie* (Beethoven) ; *Canon* (Pachelbel) ; *Roméo et Juliette* (Prokofiev) ; *Méditation* (Mischa Maisky) ; *La Double Vie de Véronique* (bande originale de Krzysztof Kieslowsky) ; *Carmina burana* (Carl Orff) ; *L'Oiseau de feu* (Stravinski) ; *Suite n° 3 en ré majeur* (Bach) ; *Tristan et Isolde : L'Aria de la mort d'Isolde* (Wagner) ; *Aïda* : le grand air « *Celestia Aïda* » (Verdi) ; *La Bohème* : « *O soave fanciulla »* (Puccini) ; *Manon Lescaut* : *« Tu, tu, amore tu ? »* (Puccini) ; *Carmen* (Bizet).

● Contemporaine
*Leila* (Eric Clapton) ; *Brown Sugar, Let's Spend the Night Together* (et autres succès sulfureux des Rollings Stones) ; *Fields of Gold* (Sting) ; *Lay, Lady, Lay* (Bob Dylan) ; *Knights in White Satin* (Moody Blues) ; *Black Magic Woman* (Santana) ; *Baby, Baby* (Smokey Robinson) ; *Let Me Stand Next to Your Fire* (Jimi Hendrix) ; *Stir it Up* (Bob Marley) ; *Love Me Tender* (Elvis Presley) ; *Inside the Taj Mahal* (à la flûte par Paul Horn) ; *Dream Lover* (Mariah Carey) ; *Crazy For You* (Madonna) ; *Caribbean Queen* (Billy Ocean) ; *Rhythm of the Saints* (Paul Simon) ; *You Make Me Feel Like a Natural Woman* (Aretha Franklin) ; *Fly Me to the Moon* (Frank Sinatra) ; *Unforgettable* (Natalie et Nat King Cole) ; *Sweetest Taboo* (Sade) ; *Crazy Sexy Cool* (LTC) ; *Purple Rain* (Prince) ; *Sex* (Morphine) ; *Funky Blues* (Charlie Parker) ; *Fooled Around and Fell in Love* (Elvin Bishop) ; *Taj Mahal* (Taj Mahal) ; *Compact Jazz* (Antonio Carlos Jobim) ; *Nouveau Flamenco* (Ottmar Liebert) ; *Dreams* (Kitaro) ; *Enigma* (Enigma) ; *Les Chariots de feu* (bande originale de Vangelis).

**Vidéos pour adultes**
● Érotiques classiques : *Emmanuelle ; L'Empire de la passion ; L'Empire des sens ; Dressage ; Caligula ; L'Éducation anglaise...*
● Pornographiques : *Derrière la porte verte ; Le Miroir de Pandora ; Psychose et fantasmes sexuels de Miss Aggie ; Exhibition ; Gorge profonde ; New Wave Hookers...*

La chaîne de télévision M6 diffuse tardivement certains soirs des films érotiques de bonne tenue.

*Achevé d'imprimer en mai 1997*
*sur presse Cameron*
*dans les ateliers de* ***Bussière Camedan Imprimeries***
*à Saint-Amand-Montrond (Cher)*

N° d'Impression : 1/1257
Dépôt légal : mai 1997

*Imprimé en France*